F

F 88916

RAPPORT

SUR LE PROJET

D'UN CODE PÉNAL,

POUR

L'ÉTAT DE LA LOUISIANE.

IMPRIMÉ CHEZ PAUL RENOUARD,
RUE DE L'HIRONDELLE, Nº 29.

RAPPORT

SUR LE PROJET

D'UN CODE PÉNAL,

FAIT A L'ASSEMBLÉE GÉNÉRALE DE L'ÉTAT
DE LA LOUISIANE,

PAR M. ÉDOUARD LIVINGSTON,

SUIVI DES OBSERVATIONS SUR LES CONDITIONS NÉCESSAIRES
A LA PERFECTION D'UN CODE PÉNAL,

PAR M. MILL,

AVEC UNE INTRODUCTION ET DES NOTES

PAR M. A. H. TAILLANDIER,

AVOCAT AUX CONSEILS DU ROI ET A LA COUR DE CASSATION.

A PARIS,

CHEZ ANTOINE-AUGUSTIN RENOUARD,

RUE DE TOURNON, N° 6.

MDCCCXXV.

INTRODUCTION.

Nous donnons aujourd'hui au public deux écrits sur la législation criminelle, publiés récemment dans deux pays étrangers. Nous les faisons réimprimer en France, parce que nous avons la conviction qu'ils peuvent être d'une grande utilité à l'avancement des connaissances déjà répandues parmi nous sur un sujet d'une si haute importance.

Une réforme immense a été faite, à la fin du dernier siècle, dans nos lois criminelles; la barbarie des supplices a disparu, les tribunaux se sont ouverts et la publicité de leurs jugemens secondée par l'institution du jury, quelque défigurée qu'elle nous soit parvenue, offrent des garanties inappréciables à la liberté individuelle, sans laisser de craintes que la justice soit arrêtée dans son cours et qu'une fausse pitié vienne protéger le vice et multiplier les désordres.

Lorsque nous recherchons la cause principale de la réformation des lois criminelles que nous venons d'indiquer, nous nous arrêtons d'abord à l'accroissement des lumières, et à l'amélioration des mœurs. Mais c'est plus haut encore qu'il

faut remonter, pour trouver l'origine des institutions plus sages et plus douces qui nous régissent
aujourd'hui. Ce triomphe salutaire de la raison
sur l'empire des préjugés, est dû sans aucun doute
aux écrits des philosophes qui ont éclairé les
hommes et leur ont appris à connaître la vérité.
Il en est deux surtout, qui se sont appliqués à
mettre au grand jour les déplorables effets de
l'ancienne administration de la justice. Montesquieu, dans son admirable ouvrage sur l'*Esprit
des lois*, et Beccaria, ont amené la raison publique
à exiger cette réforme qu'il était désormais impossible de lui refuser.

Mais sommes-nous parvenus au plus haut degré de perfection qu'il soit donné à la nature humaine d'atteindre? Nous ne pensons pas qu'on
puisse résoudre affirmativement cette question.
C'est donc un devoir impérieux pour tout homme
qui croit avoir quelque vérité nouvelle à révéler,
quelque fait inconnu à proclamer, d'en offrir
l'hommage à ses concitoyens. Or, il n'est pas à
notre connaissance, d'ouvrages plus propres à
étendre les progrès de la philosophie législative,
que ceux de MM. Livingston et James Mill, quoiqu'ils diffèrent entre eux par le but et par le plan.

On ne peut ignorer que la Louisiane, après
avoir long-temps appartenu à l'Espagne et à la
France, fut définitivement vendue aux Etats-Unis
d'Amérique, en vertu d'un traité du 3 avril

1803, moyennant la somme de quinze millions de dollars. Ainsi, cette colonie se trouve faire aujourd'hui partie de la Fédération américaine; elle est gouvernée par le régime républicain, comme tous les autres états de l'Union.

C'est seulement en janvier 1812, qu'une assemblée des représentans du peuple réunis à la Nouvelle-Orléans, rédigea et signa une constitution qui fut ensuite soumise au congrès des États-Unis dont elle obtint la sanction.

Cette constitution est en quelque sorte calquée sur celle des autres provinces de la Fédération américaine du nord; quoique, suivant l'observation de M. Warden *, elle paraisse contenir plus de précautions pour prévenir la corruption et les abus du pouvoir.

La loi politique ainsi établie, les législateurs de la Louisiane sentirent la nécessité de donner au peuple dont ils sont les représentans, un Code civil et un Code pénal plus en rapport avec les mœurs et les institutions nouvelles. Jusqu'alors, en effet, la législation de ce pays avait consisté dans diverses coutumes empruntées tour-à-tour aux anciennes lois françaises, espagnoles, et an-

---

* *Description statistique, historique et politique des États-Unis de l'Amérique septentrionale,* par WARDEN, tome IV. -- On peut voir le texte de cette constitution dans le tom. VI de la *Collection des constitutions,* etc., par MM. DUFAU, DUVERGIER et GUADET.

glaises. Une telle incohérence ne pouvait long-
temps exister chez un peuple arrivé à un haut degré de raison.

En conséquence, le 10 février 1820, une loi
fut rendue pour ordonner qu'un citoyen, versé
dans l'étude de la législation, serait chargé de présenter un projet de Code pénal. Le choix du Sénat
et de la Chambre des représentans, s'arrêta sur
M. Edouard Livingston membre de cette dernière
Chambre pour la paroisse de Plaquemine.

M. Livingston travailla avec ardeur à cette tâche
honorable et il fut en état de faire son rapport et
d'offrir le résultat de ses méditations à l'Assemblée
générale de l'année 1822. On verra par la *résolution* de cette Assemblée du 21 mars 1822, combien
elle fut satisfaite du projet de Code pénal, présenté par M. Livingston. Toutes les pièces relatives
à ce travail ont été imprimées, en français et en
anglais, à la Nouvelle-Orléans; mais très peu
d'exemplaires sont parvenus en Europe. Néanmoins, nous croyons qu'il était difficile d'envisager cet important sujet sous un aspect plus élevé
et plus philosophique; et malgré la différence de
position qui existe entre les nouvelles sociétés
américaines et nos vieux États d'Europe, il nous
semble que les travaux de M. Livingston sont
propres à faire sentir la nécessité de réformer de
nouveau notre Code pénal. Ce n'est pas sans éton-
nement, qu'un grand nombre de personnes liront

le beau rapport fait par le représentant d'une petite commune de la Louisiane à l'Assemblée générale de cet État. Elles verront que les plus hautes
pensées proclamées par les grands écrivains du
dernier siècle, ont retenti jusqu'au fond des forêts
de l'Amérique, et qu'à deux mille lieues de notre
continent, il existe des gouvernemens qui ne crai-
gnent pas l'éclat des lumières, et qui les appellent,
au contraire, à leur appui.

Ce doit donc être pour nous un noble sujet
d'émulation, que l'activité prodigieuse de la civilisation en Amérique : si nous n'y prenons garde,
quelque temps encore, et notre antique Europe,
si fière de ses lumières, sera loin d'égaler les sociétés qui se sont formées au-delà de l'Atlantique,
et qui font tant d'efforts pour conserver leur liberté
et accroître leurs connaissances.

Plusieurs passages du Rapport de M. Livingston
nous ont paru demander des éclaircissemens his-
toriques; d'autres nous ont fourni l'occasion de
combattre, avec la plus grande défiance de nos
forces, nous le déclarons sans fausse modestie,
quelques-unes des idées développées avec une si
grande supériorité dans ce Rapport; et puisque nous
sommes conduits à prononcer notre opinion personnelle sur l'ouvrage de M. Livingston, nous dirons
avec sincérité, qu'il n'est à notre connaisance aucun
écrit plus propre à éclairer l'important sujet dont
il traite, et nous croyons que son influence ne

doit pas être moindre que celle de l'ouvrage célèbre de Beccaria. Déjà, en effet, les États principaux de l'Europe s'empressent de le réimprimer,
et il va prendre sa place à côté des écrits les plus
illustres qui ont paru sur cette matière. *

Nous rappelons que ce n'est pas une traduction
que nous offrons ici, mais l'original, tel qu'il a
été imprimé à la Nouvelle-Orléans. Nous n'avons
fait que très peu de changemens au style du Rapport, et nous avons cependant effacé quelques lo-
cutions qui auraient été peu intelligibles pour
des lecteurs français. Quant à la partie déjà pu-
bliée du projet de Code, nous avons dû la respecter religieusement puisqu'elle rend l'expression naïve du législateur.

Nous joignons à l'ouvrage de M. Livingston, la
traduction de la partie qui concerne l'*amélioration
d'un Code pénal*, tirée de l'article *Jurisprudence*, inséré par M. Mill, dans le supplément à l'Encyclo-
pédie britannique. Il nous a semblé que cet extrait

---

* Cet ouvrage vient d'être réimprimé à Londres (1 vol.
in-8°, 1824). Le numéro de janvier 1825, du *Westminster
Review*, contient un long article dans lequel l'auteur rend, à
l'occasion de cette réimpression, une parfaite justice au travail
de M. Livingston. M. Spangenberg, conseiller à la cour d'appel de Celle, dans l'ouvrage allemand intitulé : *Neues Archiv
des Criminalrechts* (Nouvelles archives de droit criminel. —
Halle. 1er cah, du VIIe volume), en donne aussi une analyse
très détaillée et en traduit un grand nombre de passages.

formerait un complément intéressant à l'objet principal de cette publication. Il ne faut pas oublier cependant, que M. Mill est un théoricien de l'École de Bentham, qui peut avancer des idées d'autant plus hardies qu'elles ne doivent recevoir aucune application directe; M. Livingston, au contraire, parle en législateur, mais il était impossible, selon nous, de mieux emprunter à la théorie ce qui est susceptible d'exécution.

Parmi les peines dont il a fait choix, nous en avons remarqué une qui nous a frappé par la douleur morale qu'elle doit faire éprouver aux malheureux qui y sont condamnés. Nous voulons parler de l'emprisonnement solitaire, que les théoriciens regardent comme un moyen puissant de réprimer le crime. Sans doute, il serait à desirer, pour l'amendement même du coupable, qu'il fût séquestré sévèrement et soustrait au contact d'autres criminels qui peuvent, par de perfides conseils et de dangereux enseignemens, renforcer en lui son penchant au mal, si cette séquestration ne devait pas avoir, pour la plupart des hommes, les plus fâcheux résultats. Mais n'est-il pas à craindre que des années ainsi écoulées dans la plus profonde solitude, n'altèrent la raison du prisonnier, et ne lui ravissent le plus beau privilège de la nature humaine? Telle est la question que nous nous sommes d'abord adressée. Eh quoi! pourrait-on dire alors, vous refusez au pouvoir social le droit de détruire l'ouvrage de Dieu, vous ne voulez pas que l'homme puisse par une vengeance aveugle, arracher les sources de la vie du sein de cet être dépravé qui lui-même a porté un fer homicide dans le cœur de son semblable, et vous vous exposez à commettre un délit non moins grave de lèze-nature. Pouvez-vous affirmer que l'homme, ainsi séparé de toute communication extérieure, languissant pendant des années entières dans la plus sévère solitude, ne voyant même pas la main qui lui jette les grossiers alimens destinés à prolonger son supplice en même temps que son existence, ne finira par perdre l'entier usage de cette admirable organisation morale, si propre à attester la majesté de l'Etre suprême et à porter un juste orgueil et une noble dignité dans le cœur de celui qui sait apprécier tout ce que la raison humaine a de puissance et de grandeur?

Mais nous devons dire que ces craintes sont affaiblies par le témoignage irrécusable de deux hommes célèbre, MM. les docteurs Pariset et Es-quirol, que nous avons cru devoir consulter sur une question d'une aussi grave importance, et qui nous ont répondu avec toute l'obligeance que l'on doit attendre de ceux qui se sont fait un devoir de secourir l'humanité. Leurs lettres contenant des détails curieux sur le régime des prisons et sur les résultats probables de l'emprisonnement solitaire, nous nous empressons de les mettre sous les yeux de nos lecteurs.

————————

LETTRE DE M. LE DOCTEUR PARISET.

MONSIEUR,

Je me hâte de répondre à la lettre que vous m'avez fait l'honneur de m'écrire; je serai fort court, parce que mes momens sont comptés. Lorsque nous nous occupions très sérieusement, sous M. de Cazes, de l'amélioration des prisons, et surtout des prisonniers, je me rappelle que je rédigeai, pour le conseil, un petit travail sur les peines à infliger dans l'intérieur des prisons, pour des infractions à la discipline et pour des délits plus ou moins graves. Ce travail fut fait sur des notes fournies et par le directeur de la prison et par des prisonniers eux-mêmes. Je crois que les dix ou douze petites pages que je présentai au conseil sont dans les mains de M. le comte Bigot de Preameneu. Ce fut, je m'en souviendrai toujours, le mardi, 26 octobre 1819, jour où je reçus, séance tenante, ma mission pour Cadix (1). Quoi qu'il en soit, voici, ce me semble, le principe que j'établissais, et que je soumets à vos lumières.

Je voulais, dans les prisons, une peine qui n'avilît point le prisonnier, qui ne rendît point odieux l'homme qui la prononçait; que l'on pût graduer à souhait, qui fût pourtant très efficace; et de l'aveu de quelques prisonniers qui pouvaient prendre dans leur expérience des termes de comparaison, la peine la plus vive, la plus insupportable, celle qui, cependant

————————

(1) M. le docteur Pariset parle ici de son voyage à Cadix pour y arrêter les progrès de la fièvre jaune. Tout le monde sait avec quel courage il alla deux fois en Espagne dans l'intention de porter ses secours à ceux qui étaient atteints de ce terrible fléau.

remplit les autres conditions que je viens d'indiquer est celle de l'isolement, mais parfait, mais absolu.

Dans quel lieu? Non pas sous terre; non pas dans un cachot, parce que le froid et l'humidité rendent malade; que le mal physique indispose le prisonnier contre ses chefs, contre la loi, contre tout, *et le distrait de la douleur morale.*

Or, c'est une douleur morale qu'il faut considérer ici comme le seul instrument d'amélioration.

Et Dieu nous a tellement organisés, que pour nous les douleurs morales les plus pénétrantes sont celles qui naissent de la *conscience*, du *jugement* que nous portons sur le caractère de nos actions, lorsque ce jugement nous conduit à ce résultat, que nous avons été les ennemis des hommes; que nous avons justement perdu leur appui, provoqué leur indignation, etc. Cette vue de l'esprit suscite en nous le repentir, le remords, la honte, etc., etc.

Cette affection est d'autant plus énergique, que le mal que nous avons fait est plus grand, et que nous en avons une perception plus nette, plus vive, plus distincte.

Cette vivacité de sentiment tient principalement à deux conditions, qui n'en sont réellement qu'une seule :

1° L'état actuel de notre sensibilité; il est des hommes si habituellement irrités par le vin, la colère, etc., qu'ils ne sentent que cette irritation, ils ne sont qu'elle. Alimens doux, eau pure, bains, saignée, s'il le faut, voilà les moyens médicaux à employer.

2° L'absence de toute distraction, tellement que leur âme soit toute entière au sentiment moral qui doit l'occuper; d'où, nécessité du silence autour du prisonnier, nécessité de rompre toute communication, de couper court à toute espérance d'évasion, à toute intrigue pour arriver à ce but; à l'influence de ces conversations pleines de vanité, de forfanteries, dans lesquelles les malfaiteurs tirant gloire de leur perversité s'y affermissent de plus en plus.

Et cependant toutes sortes de soins pour la nourriture, la propreté, le bien-être réel du prisonnier. Je dis *réel*, non que je veuille qu'on lui fasse goûter de vrais plaisirs, car cela même serait un objet de distraction. Je ne voudrais pas plus celle-là que celle qui résulterait d'un mal physique, d'une souffrance, d'une maladie : faites qu'il ne *pâtisse* pas; voilà la limite; limite variable, oui : aussi faut-il pour gouverner de tels hommes des hommes d'un tact exquis.

Je reprends. Isolez donc dans une chambre en bois, doublée en tôle, s'il le faut, surtout en dehors; une chambre que l'on puisse éclairer ou tenir obscure.

Des serviteurs (pour porter les alimens, etc.) dociles, qui sachent surtout se taire, etc. Au reste, un surveillant, homme choisi, assisterait aux distributions. Mais sur tout cela, les Anglo-Américains nous ont tout dit.

Je mettrais cette chambre, ou ces chambres, plutôt à l'étage supérieur de la maison, tout-à-fait au comble. La vue d'un grand horizon réveille des idées propres à faire sentir quel est le prix de la liberté.

Quant à la crainte de la folie, je réponds ceci :

1° Il n'est pas une seule peine, quelque légère qu'elle soit qui ne puisse troubler profondément toute l'économie, altérer la raison et même donner la mort.

Il y a six mois, un jeune homme fut marqué, le lendemain il était mort.

2° La peine de la *Séclusion*, comme toutes les peines, rencontrera des organisations fortes, des organisations faibles, des organisations intermédiaires, plus ou moins résistantes, plus ou moins mobiles : les effets de la peine varieront dans la même proportion.

Mais le prisonnier a la liberté de parler.

Ses paroles, son accent, sa physionomie apprennent ce qu'il éprouve, et selon qu'il montre telle disposition ou telle autre, ou l'on ne répond pas, ou l'on répond; et l'on excite en lui tel ou tel sentiment. Toutes choses sur lesquelles, l'homme choisi que je suppose, agit d'après les impressions délicates que lui fait ressentir le prisonnier.

CONCLUSIONS. Que la séclusion peut avoir ses inconvéniens; mais elle n'en a pas à beaucoup près autant que les autres peines.

Et qu'elle a des avantages à elle qui doivent lui assurer la préférence.

Je voudrais, sur les parois de la chambre, quelques belles maximes qui parleraient au prisonnier, lorsque les hommes ne lui parlent plus.

Mais au surplus, M. Livingston doit savoir *qu'une prison doit être une maison d'éducation.* Je ne sais pourquoi, je me figure, que si l'on enseignait l'économie politique dans les colléges et ailleurs, ce genre de connaissances aurait une très heureuse influence sur les esprits. — L'enseigner dans les prisons même, qui sait ?... Mais il faudrait des prisonniers déjà bien améliorés.

J'ajoute qu'il est des malfaiteurs que l'on ne corrigera jamais.

Agréez, etc.

E. PARISET.

Bicêtre, 14 février 1825.

LETTRE DE M. LE DOCTEUR ESQUIROL.

MONSIEUR,

La lettre que vous m'avez fait l'honneur de m'adresser offre trop de sujets de méditations pour que j'aie pu me permettre d'y répondre aussitôt que je l'aurais désiré. Ma réponse vous arrivera toujours assez tôt, car elle ne fixera peut-être pas vos incertitudes sur une question si grave et d'un si haut intérêt.

QUESTION. *Un homme condamné à passer dix ans dans la séquestration, privé de toute communication extérieure, ne voyant même pas le geôlier chargé de subvenir à ses besoins, ou le voyant sans pouvoir en obtenir de réponse, ne finirait-il pas par perdre la raison ?*

Voici la première réponse qui s'est présentée à ma pensée : ou bien le condamné se résignera, soutenu par le repentir, par la religion ou par l'espérance, et il atteindra le terme de sa peine sans accident; ou bien, livré au chagrin, à l'ennui, au désespoir, il perdra la raison, attentera à ses jours, ou tombera dans la démence; c'est ce qui arrivera au plus grand nombre.

Cependant, à cette première pensée, ont succédé les réflexions suivantes, que j'ai l'honneur de vous soumettre, comme elles sont venues à mon esprit.

Les études physiologiques démontrent bien l'utilité de l'exercice de l'intelligence pour son développement et même pour son maintien, au degré auquel la société l'a élevée; mais le physiologiste ne peut pas affirmer qu'un homme privé de toute communication extérieure deviendra nécessairement aliéné, même après plusieurs années de cette privation.

L'étude des maladies mentales n'offre pas des exemples desquels, par analogie, on puisse faire l'application à la solution du problème proposé : on a écrit sur les dangers de la solitude, mais ce qu'on a écrit est étranger à la question qui nous occupe.

En parcourant les annales de quelques sectes religieuses, des voyages et celles des prisons et des détentions célèbres, on peut obtenir quelques données plus ou moins applicables à la matière.

b

Les Indous se condamnent au silence, au repos, à la solitude les plus absolus, et vivent plusieurs années sans perdre
la raison; il est vrai que leur isolement, le silence qu'ils ob-
servent, sont volontaires, qu'ils sont soutenus dans leur résolution par le fanatisme ou l'orgueil. S'ils ne communiquent
pas avec le monde extérieur, s'ils ne parlent pas, on ne peut
pas dire que leur intelligence soit parfaitement inactive.

On raconte que des voyageurs naufragés dans des îles inha-
tées, ont été trouvés après plusieurs années, sains de corps
et d'esprit. Sans doute le besoin de pourvoir à leur subsistance, la nécessité de faire de l'exercice, l'espoir de voir
aborder quelque bâtiment libérateur devaient faire une diver-
sion utile, et si ces infortunés étaient privés de toute société
humaine, leur intelligence s'exerçait sur tout le reste de la
nature. Ils conservaient l'espérance.

On a beaucoup parlé de quelques individus trouvés dans
les forêts, et qui étaient, dit-on, devenus sauvages, par la
séquestration de toute société. On a mal jugé ces prétendus
sauvages : c'étaient des imbécilles qui s'étaient égarés de leurs
habitations, ou que leurs parens avaient abandonnés.

Dans les écrits sur les prisons, on rapporte que des individus ont été renfermés dans des cachots, privés d'air, de
lumière, de toute communication, et qu'ils sont sortis de ces
antres, après plusieurs années, souvent infirmes de corps,
mais jouissant de leur intelligence. On lit dans quelques ouvrages, que des moines qui avaient été condamnés à vivre
dans des cachots souterrains, sans air, sans lumière, ont été
arrachés de ces *vade in pace*, accablés d'infirmités; mais les
historiens les plus exagérés, ne disent pas que ces infortunés
eussent perdu la raison.

De ces faits qui ne sont que sommairement indiqués, ne
peut-on pas tirer cette conséquence, que l'homme peut, sans
danger pour sa raison, être privé de toute communication
avec ses semblables, beaucoup plus long-temps qu'on ne pour-

rait le penser, et que son intelligence ne s'exerçant pas peut s'affaiblir, sans que sa raison en soit essentiellement altérée.

Dans la Pensylvanie, les coupables sont condamnés à la *restreinte solitaire*, au supplice du repos et du silence, et ces malheureux avouent que c'est la peine la plus difficile à supporter, quoiqu'elle ne soit que temporaire. Aux États-Unis, tous les auteurs sont unanimes sur les bienfaits de la *restreinte* ou *séclusion*, et ne l'accusent pas d'altérer la raison de ceux qui la subissent.

La loi de M. Livingston, pour être bien jugée, devrait être connue dans ses moyens d'exécution; car il ne suffit pas de condamner un homme à la *séclusion*. Cette séclusion peut-elle être exécutée aussi rigoureusement que l'indique votre question? *Je ne le pense pas.*

Pendant dix ans, vingt ans, le condamné verra nécessairement le geôlier. Celui-ci entrera dans l'habitation du reclus pour surveiller les objets de propreté, la literie, les vêtemens, pour les renouveler même. Le prisonnier parlera et ne pourra se défendre de l'espoir que ses paroles seront répétées par le geôlier. Je vais plus loin. Qui oserait confier la garde des prisonniers à un geôlier qui refuserait une parole de consolation à un malheureux au désespoir, et qu'il verrait tous les jours pendant dix ou vingt ans? Ce geôlier serait le plus inhumain des hommes. Il faut espérer qu'on n'en trouvera pas.

Le condamné, après quelque temps, exercera un métier qui fera naître les occasions d'échanger quelques paroles.

Si le prisonnier est malade, le privera-t-on d'un médecin? ne pourra-t-il raconter ses maux? Le médecin ne pourra-t-il l'interroger?

Le condamné aura une croyance religieuse. L'habitant de la Louisiane est catholique, le privera-t-on de l'assistance d'un prêtre? Sera-t-il privé pendant toute sa vie de la confession dont la religion lui fait un devoir? Non, sans doute; car les législations modernes tendent moins à punir l'homme cou-

b.

pable, qu'à le ramener de ses égaremens, en lui faisant goûter les principes de la morale et de la religion.

La loi ne laissera-t-elle pas au condamné l'espérance de voir diminuer la durée et la rigueur de sa peine.

La peine de la séclusion avec les restrictions comme je les conçois, est d'une exécution praticable; le condamné ayant très rarement à la vérité, mais quelquefois des communications indispensables avec le geôlier, le médecin, un ecclésiastique, je crois que toute pénible qu'est cette peine, sa raison peut en surmonter les rigueurs et le préserver de ses funestes influences.

Ma lettre, Monsieur, ne peut contenir que des considérations générales; s'il vous était agréable d'en causer en détail, veuillez m'indiquer un jour et une heure et je m'empresserais de me rendre à votre invitation.

J'ai l'honneur, etc.

ESQUIROL.

Paris, le 2 mars 1825.

———

La peine qui arrive immédiatement après la *réclusion* dans le projet du Code pénal de la Louisiane, est l'emprisonnement aux travaux de force. Nous croyons en effet, qu'il n'existe pas de moyen plus certain d'infliger un châtiment sévère à ceux qui ont violé ouvertement les lois les plus sacrées de la société. L'obligation de se livrer à des travaux de force, a été imposée dans un grand nombre de cas aux criminels, par tous les codes des

nations existantes; et cependant nous venons de
lire dans l'ouvrage récent d'un publiciste habile,
que l'on pouvait refuser à la société, le droit
de faire travailler les individus condamnés à la
perte de leur liberté, plus encore que le droit de
mort.

Voici comment s'exprime cet auteur : « De ce
que j'ai le droit, dans ma défense légitime, de
tuer un homme, ai-je celui de l'obliger au travail,
c'est-à-dire, de le réduire à la condition d'esclave ?
Une maxime qui me semble incontestable et sans
laquelle l'esclavage aboli par la religion et les progrès des lumières, serait chaque jour à la veille de
renaître, c'est que l'homme ne peut aliéner sa personne et ses facultés que pour un temps limité et
par un acte de sa volonté propre : si l'usage qu'il
en fait est nuisible, ôtez-lui-en l'usage ; si le mal
dont il est l'auteur, est tel que la sûreté publique
exige qu'il en soit privé pour jamais, condamnez-
le à mort. Mais tourner ses facultés à votre profit,
c'est revenir aux époques les plus grossières, c'est
consacrer la servitude , c'est dégrader la condition humaine. » *

Il nous semble que ce passage renferme une
doctrine beaucoup plus subtile que fondée en
raison. Loin d'excéder le droit de la société, la

---

* *Commentaire sur l'ouvrage de Filangieri,* par M. BENJAMIN
CONSTANT, 3ᵉ partie, ch. XII.

peine des travaux forcés nous paraît morale et sans
aucune analogie avec l'esclavage, seul motif qui
ait pu faire dire à l'auteur dont nous venons de
transcrire les propres expressions, qu'elle excède
le droit du pouvoir social. Effectivement, la peine
des travaux forcés a un but moral, parce que le
travail est le plus grand ennemi du vice. Or, si vous
admettez que la société a la faculté de séquestrer
l'individu qui a fait un abus manifeste de son état
de liberté, il faut qu'elle ait de plus le moyen de le
corriger, s'il est possible, ou du moins de ne pas
le rendre pire qu'il n'était déjà. L'habitude du travail est propre à lui inspirer de meilleurs sentimens. Qui voyons-nous, la plupart du temps, sur
les bancs de la Cour d'Assises? Des adolescens livrés à eux-mêmes depuis leur plus tendre enfance
et n'ayant mené jusqu'alors qu'une vie vagabonde
qui les avait toujours tenus éloignés du travail.
Qu'un pareil homme soit condamné, par exemple,
à cinq années de réclusion et qu'il entre dans la
prison à vingt ans, pour en sortir à vingt-cinq;
si vous le laissez dans l'oisiveté, il y a cent à pa-
rier contre un, qu'après l'expiration du temps de
séquestration, il sera rejeté dans la société pire
encore qu'il n'était avant sa condamnation. Mais
au contraire, mettez ce condamné en état de gagner honnêtement sa vie, apprenez-lui un métier
mécanique, faites-en un bon ouvrier, et vous verrez que lorsqu'il sera rompu au travail, il s'aper-

cevra qu'il y a plus de profit à être un honnête homme qu'un fripon. Il ne s'agit donc que de changer ses habitudes et de lui faire connaître, par expérience, combien il est préférable de se livrer à un travail honnète et bien réglé, à vivre dans le vagabondage et l'oisiveté. Mais peut-être dira-t-on que si on ne peut contester l'utilité du travail imposé aux condamnés, ce n'est pas un motif suffisant pour proclamer le droit de les obliger à ce travail, et que dès-lors il y a similitude à l'esclavage.

Nous avouons qu'il nous parait difficile d'apercevoir aucune trace de ressemblance entre les travaux publics et l'esclavage, malgré le développement que M. Benjamin Constant a donné à cette idée dans son *Commentaire sur Filangieri.* Toutes les fois que le citoyen aura le libre arbitre d'être ou n'être pas obligé à des travaux publics, on ne saurait reconnaître rien de l'odieux qui caractérise l'esclavage. Nous verrions plutôt des points de comparaison entre des obligations personnelles imposées quelquefois par les lois de l'État et l'esclavage proprement dit; ainsi les lois qui obligent chaque citoyen à satisfaire au service militaire, pourraient plutôt présenter quelque analogie, de même que celles qui ordonnent des corvées, ou des prestations en nature, etc. Car, dans ces cas, il n'y a pas aliénation de liberté par le fait de la volonté propre de l'obligé, tandis que dans le cas de condamnation

aux travaux forcés, il y a toujours fait volontaire
et intentionnel. Celui qui commet l'action punie
par la loi, des travaux forcés, court la chance de
la peine ; car il ne peut ignorer qu'en commettant, par exemple, un vol avec telles circonstances
aggravantes, s'il est convaincu, il sera obligé de
passer un certain nombre d'années de sa vie aux
travaux forcés.

Ces motifs et beaucoup d'autres qu'il serait trop
long de rapporter ici nous font penser que non-
seulement il est dans le droit, mais encore dans le
devoir de la société de faire travailler les individus
condamnés aux travaux forcés, à la réclusion et
même au simple emprisonnement*. Mais il est
un autre devoir plus impérieux encore que celui-
ci ; c'est de trouver des travaux qui puissent être
proportionnés aux forces physiques comme aux
besoins moraux des condamnés. Nous n'ignorons
pas que le régime disciplinaire des prisons présente

---

* Cette réfutation a été communiquée à M. Benjamin Constant, et notre impartialité nous oblige de mettre sous les
yeux du lecteur la réponse qu'il y a faite :

« Vos observations sur mon *Commentaire de Filangieri*,
contiennent des choses très judicieuses. Je persiste cependant
dans mes observations contre les travaux forcés, moins à
cause de la question métaphysique du droit que la société a ou
n'a pas, que parce que le travail qui est le lot commun de la
majorité de l'espèce humaine, ne me paraît pas devoir être imposé comme une peine. S'il n'excède pas la force du con-

les plus grandes difficultés et est en tout digne de la méditation des législateurs et des publicistes. L'on ne saurait donc trop savoir gré à M. Livingston d'avoir consacré un livre entier de son Code pénal (le sixième), à cette importante partie de la législation criminelle. *

Les Anglais qui font une étude spéciale des

damné et n'est pas accompagné de rigueurs arbitraires, il place le coupable sur la même ligne que toute la classe laborieuse, innocente de tout crime. S'il excède les forces du condamné et qu'il soit accompagné de rigueurs arbitraires, c'est une mort plus lente et plus douloureuse, et c'est pour une autre classe d'hommes un apprentissage de tyrannie. Je sens du reste que cette question peut être considérée sous bien des faces, et je trouve heureux que la diversité d'opinions la fasse envisager sous tous ses points de vue. »

* Une ordonnance royale du 9 avril 1819, a approuvé l'organisation d'une *Société pour l'amélioration des prisons.* Des hommes aussi distingués par le haut rang qu'ils occupent dans l'Etat que par leur amour du bien public, se sont partagés les prisons de France, et ils y ont fait diverses visites qui ont toujours été salutaires pour le régime de ces établissemens. Nous citerons, comme des modèles, les trois rapports de M. de Barbé-Marbois, pair de France et premier président de la Cour des comptes (des 23 novembre 1819, 20 novembre 1822 et 2 novembre 1823), dans lesquels ce vénérable magistrat a rendu compte à la Société de ses visites successives dans les prisons des départemens du Calvados, de l'Eure, de la Manche, et de la Seine-Inférieure, et dans la maison de correction de Gaillon. On doit vivement regretter que depuis quelque temps les travaux de cette société se soient rallentis.

améliorations que l'on peut introduire dans le régime des prisons, ont inventé une machine de
discipline, appelée *moulin à marcher*, (*tread-mill*) *
et cette machine a été mise à l'essai dans plusieurs maisons de correction, et notamment dans
celle de Brixton, comté de Surrey. Le moulin à
marcher est destiné à broyer le grain, à préparer
la farine, et le principal mécanisme de ce moulin
consiste dans une roue dont la circonférence est
garnie d'aubes assez étendues pour pouvoir contenir commodément de dix à vingt personnes, et
même quelquefois un plus grand nombre, dont
le poids, premier moteur de cette machine, ap-
pliqué sur la circonférence de la roue, tout près
ou au niveau de son axe, produit alors son plus
grand effet. Pour assurer les avantages de ce mécanisme, un ouvrage de menuiserie s'élève, sur
un plan incliné, au-dessus de la roue, à l'effet
d'empêcher les prisonniers de passer le niveau as-
signé. Au-dessus de cet ouvrage de menuiserie,
on voit une rampe qui sert aux prisonniers à se
tenir, afin de conserver leur position pendant le
mouvement de la roue. Par le moyen des degrés
pratiqués sur toute la circonférence de la roue,
les prisonniers montent d'un côté, et se rangent
en nombre suffisant sur la machine qui commence
alors à se mettre en mouvement. Le travail de

---

* Le *tread-mill* est de l'invention de M. Cubitt d'Ipswich.

chaque individu consiste simplement à monter un nombre indéfini de degrés, et le poids combiné des prisonniers, produit sur la roue précisément le même effet que l'eau d'une rivière agissant sur les aubes d'un moulin.

Pendant cette opération, chaque prisonnier avance graduellement du côté par lequel il est monté, vers l'extrêmité opposée de la roue. Là, chacun des prisonniers descend à tour de rôle, pour se reposer, dans le moment où un autre prisonnier monte de l'autre côté pour compléter le nombre exigé, sans que, pour cela, le mouvement de la machine se rallentisse. Ainsi, il est facile d'assigner l'intervalle de repos à accorder à chaque homme. Il suffit, pour cela, de faire une estimation du nombre total des prisonniers, comparé au nombre exigé pour le travail; ainsi, si les prisonniers sont vingt-quatre, et que le nombre nécessaire pour faire marcher la roue, soit de vingt, chaque individu, sur une heure de travail, aura douze minutes de repos. De même, en variant le nombre des hommes placés sur la roue, et la quantité de travail de l'intérieur du moulin, de manière à augmenter et diminuer à volonté la célérité du mouvement de la roue, on peut faire subir aux travaux des prisonniers toutes les modifications desirables. A Brixton, la roue ayant un diamètre de cinq pieds, et tournant deux fois en une minute, il s'ensuit que chaque prisonnier est censé parcourir, en une heure, un espace de 2193 pieds anglais.

Cette machine a beaucoup de partisans en Angleterre, mais elle y rencontre aussi de nombreux détracteurs. Un vertueux magistrat français, M. le marquis de Barbé Marbois, dans un excellent *rapport sur les prisons*, n'hésite pas à se ranger parmi ceux qui blâment ce châtiment ajouté à la rigueur de la séquestration. Nous ne faisons pas difficulté non plus d'adopter l'avis de M. de Barbé Marbois, sur le *tread-mill*, et nous sommes fortifiés dans cette opinion par les motifs mêmes allégués en sa faveur. On a prétendu, en effet, que non-seulement il était propre à réprimer les délits pour lesquels on est condamné à la prison, mais encore, qu'il devait être considéré comme *châtiment préventif*, parce qu'il épuise tellement les forces de ceux qui le subissent, que, rendus à la liberté, ils ne sont plus tentés de commettre des actions qui pourraient les renvoyer au *tread-mill*. Étrange argument, que celui qui consiste à prévenir par une peine immédiate et inévitable des délits qui ne sont qu'éventuels !

Et d'ailleurs, quel résultat moral peut-on retirer d'un travail mécanique qui convertit l'homme en une bête de somme, et est plus propre qu'aucun autre exercice à détruire l'usage de ses facultés intellectuelles. Cet homme auquel, pendant cinq années, vous aurez imposé l'obligation de ne faire d'autre métier que de parcourir chaque jour, pendant sept heures vingt minutes, 13,333 pieds, non horizontalement, mais en faisant toujours des efforts pour monter; rendu à la société, pourra-t-il être en état de gagner honnêtement sa vie. Il faut répéter ici ce qu'on ne saurait trop dire, que le manque absolu d'éducation et le presqu'entier isolement où se trouvent les enfans des dernières classes du peuple, depuis leurs plus tendres années, est presque l'unique cause de leur mauvaise conduite, et des délits qui les mènent en prison. Aussi, ne peut-on retirer un utile avantage du temps de séquestration, que lorsqu'on profite de ce temps pour lui donner le premier degré d'instruction que l'incurie ou la pauvreté de leurs parens leur a refusé jusqu'alors. A l'égard des hommes de l'âge mûr et des vieux criminels, quel espoir doit-on concevoir de l'exercice du *tread-mill?* Les prisons les reverseront dans la société, après le terme de leur condamnation, abrutis davantage encore par un travail qui n'est nullement propre à l'adoucissement de leurs mœurs, et à la réformation de leurs mauvaises habitudes. Aussi, faut-il espérer que jamais le *tread-mill* ne sera introduit dans nos prisons.

Pénétré de cette idée, que le manque absolu d'éducation est l'une des principales causes des délits commis par les jeunes condamnés, M. Livingston veut que les condamnés reçoivent dans les prisons les enseignemens nécessaires pour arriver à une meilleure conduite. Des *maisons de refuge* où les enfans condamnés seraient recueillis, sont propres à offrir ces avantages.

Il est d'autant plus à desirer que le gouvernement tourne sa bienveillante sollicitude vers la fondation d'établissemens de ce genre, que le nombre des jeunes détenus n'est pas aussi considérable, dans toute l'étendue de la France, que l'on pourrait le croire. Ainsi, un tableau officiel de la population des prisons, inséré dans le *moniteur* du 25 mars 1824, * prouve que le nombre

---

* Ce tableau est extrêmement curieux; il fait connaître que la population générale des prisons et des bagnes au 1er janvier 1823 était de 41,307. Ce nombre est ainsi réparti quant aux motifs de la séquestration. Détenus pour correction paternelle, 28; pour dette à des particuliers, 602; pour dettes à l'État et amendes non payées, 225; malades, infirmes, insensés, petits enfans, 3761; prévenus ou accusés qui n'ont pas encore passé en jugement, 4643; condamnés correctionnellement pour moins d'un an, 2469; condamnés aux travaux forcés jusqu'au transfèrement aux bagnes 617; condamnés de toute espèce en appel ou en pourvoi, 348; condamnés correctionnellement se trouvant dans les prisons de département, 283; condamnés à la réclusion et à une année au plus, dans les maisons centrales de détention, au grand criminel, 8063; condamnés par la police correctionnelle, 9169; condamnés au-dessous de seize ans, 691; forçats dans les bagnes, 10,408. Le total général étant de 41,307; il en résulte que le nombre des prisonniers et des forçats est à la population de la France comme 1 est à 778. « Je crois, dit M. de Barbé-Marbois, dans le rapport que nous avons déjà cité, les

des condamnés au-dessous de seize ans, qui se trouvaient dans les maisons centrales de détention, au 1er janvier 1823, n'était que de 691, dont 583 garçons, et 108 filles. Il serait donc bien facile d'établir sur trois points différens du royaume, une maison destinée à recevoir 250 jeunes condamnés, que l'on sauverait ainsi du dangereux séjour des prisons.

Mais il y a une considération à laquelle il faut s'arrêter, c'est qu'il ne suffirait pas que des maisons de refuge fussent établies pour les jeunes condamnés, si l'administration les laissait séjourner avec les autres prisonniers, durant le temps qui s'écoule entre leur arrestation et leur condamnation. C'est immédiatement que les enfans doivent être isolés, car l'imagination se refuse à croire tout le danger qu'il y a pour eux de démeurer seulement vingt-quatre heures avec les êtres dépravés, population ordinaire des prisons.

Ainsi, nous ne saurions trop louer M. Livingston du soin qu'il a pris d'insérer dans la loi elle-même, l'obligation de séparer avec soin les jeunes prisonniers de ceux qui sont plus âgés. Ce publiciste n'a pas voulu que l'administration seule fût chargée de veiller au régime intérieur des

prisonniers moins nombreux aujourd'hui qu'autrefois, quand ce ne serait qu'à cause des condamnations pour faux-saunage seulement, qui privaient annuellement de la liberté environ 1150 individus, tant hommes que femmes et enfans. »

prisons, et de faire tous les réglemens qui le concerneraient. Cet objet est trop important pour que le corps législatif lui-même n'y pourvoie pas au moyen de lois émanées du pouvoir suprême.

Nous faisons des vœux sincères pour que le projet de Code dont nous publions en cet instant les parties qui ont été déjà soumises à l'Assemblée générale de la Louisiane, soit bientôt entièrement terminé. Sa mise à exécution doit être attendue avec une vive impatience par tous les amis de l'humanité. Elle résoudra un grand problème, celui de savoir si les châtimens les plus sévères, la mort, cette usurpation du pouvoir de Dieu, les peines à vie plus terribles encore peut-être, sont indispensables pour la durée de la société, et la protection des droits de tous; ou si cette nouvelle expérience d'un système purement correctionnel, fera triompher l'opinion des théoriciens qui réclament la douceur des peines mais qui veulent un remède inévitable.

ACTE

RELATIF

AUX LOIS CRIMINELLES

DE LA LOUISIANE.

ATTENDU qu'il est de la plus haute importance, dans tout État bien ordonné, que le Code des lois pénales repose sur ce principe « *la prévention du crime;* » que tous les délits soient clairement et explicitement définis, en termes généralement intelligibles; que les peines soient proportionnées aux délits; que les preuves soient réglées et déterminées pour chaque cas; que la procédure soit simple; que les devoirs des magistrats, des officiers de justice et des individus qui les assistent, soient fixés par la loi. Et, attendu que le système des lois pénales qui régit actuellement cet État, est défectueux dans plusieurs, sinon dans tous les points sus-mentionnés, en conséquence :

Art. Ier. *Il est ordonné, par le Sénat et la Chambre des Représentans de l'État de la Louisiane,
réunis en assemblée générale* : Qu'une personne
versée dans les lois soit nommée, par le Sénat et
la Chambre des Représentans, dans la session actuelle, avec charge de préparer et de soumettre à
la prochaine assemblée générale, un Code de lois
pénales dans les deux langues française et anglaise,
désignant tous les délits punissables par la loi;
les définissant en termes clairs et précis; indiquant
la peine applicable à chaque délit; établissant des
règles pour les preuves en jugement; organisant
le mode de procédure à suivre, et prescrivant les
devoirs respectifs des officiers judiciaires et exécutifs dans l'exercice de leurs fonctions relatives.

Art. II. *Et il est de plus ordonné*, que la personne ainsi choisie recevra, pour ses services,
telle indemnité qui sera fixée par l'assemblée générale à la session prochaine; et qu'une somme
de cinq cents piastres lui sera payée, sur un mandat du gouverneur, sur le trésor de l'État, pour
lui faciliter les moyens de se procurer les informations et documens relatifs aux améliorations à

effectuer dans la jurisprudence criminelle, particulièrement dans le système correctionnel adopté dans les différens États; et qu'il croira utile de présenter à l'Assemblée générale, dans le rapport qu'il lui fera sur le plan du Code projeté. Il rendra compte à l'assemblée générale de la manière dont il aura disposé desdites cinq cents piastres.

(*Approuvé le* 10 *février* 1820.)

Nous soussignés, Secrétaire du Sénat, et Greffier de la Chambre des Représentans de l'État de la Louisiane, certifions que le 13 février de l'année 1821, M. Edouard Livingston a été élu et nommé par les suffrages réunis de l'assemblée générale dudit État, pour tracer et préparer un Code criminel. En foi de quoi, nous avons signé le présent.

Nouvelle-Orléans, le 28 mars 1822.

(*Signé*), J. CHABAUD,

Secrétaire du Sénat.

(*Signé*), CANONGE,

Greffier de la Chambre des Représentans.

RÉSOLUTIONS.

Résolu *par le Sénat et la Chambre des Représentans réunis en assemblée générale :* que l'assemblée générale approuve le plan proposé par M. Edouard Livingston, dans son rapport fait en exécution de l'acte intitulé : « Acte relatif aux lois criminelles de cet État, » et sollicite instamment M. Livingston de continuer ce travail sur le plan de ce rapport; que deux mille exemplaires de ce rapport et de la partie du code projeté qui s'y trouve annexée, seront imprimés en forme de pamphlet, mille en français et mille en anglais, sous la direction de M. Edouard Livingston : que cinq de ces exemplaires seront remis à chaque membre de la présente assemblée générale; cinquante au gouverneur; un à chacun des juges de la Cour suprême, des Cours de district, et aux juges de paroisses; deux cents exemplaires à M. Edouard Livingston; que l'État se réserve le surplus, dont une moitié sera déposée entre les mains du Secrétaire du Sénat et du Greffier de la Chambre des Représentans, et l'autre moitié au bureau du Secrétaire d'État.

Résolu en outre, que le Gouverneur est invité et requis, par le présent, de passer marché pour l'impression de cet ouvrage, et d'en payer le prix sur les fonds affectés aux dépenses casuelles.

Il est de plus résolu, qu'une somme de mille piastres sera payée à M. Édouard Livingston, sur son mandat, des fonds de l'État, comme un à-compte de l'indemnité qui lui sera allouée quand son ouvrage sera achevé.

(*Signé*), A. Beauvais,

Orateur (Speaker) *de la Chambre des Représentans.*

Approuvé le 21 mars 1822.

(*Signé*), J. Poydras,

Président du Sénat.

(*Signé*), T. B. Robertson,

Gouverneur de l'État de la Louisiane.

AU SÉNAT

CHAMBRE DES REPRÉSENTANS,

RÉUNIS

EN ASSEMBLÉE GÉNÉRALE.

———◆———

Chargé, par la législature, dans la session précédente, de remplir la tâche prescrite par un acte relatif aux lois criminelles de cet état, il est de mon devoir de soumettre à l'assemblée générale, et les progrès de l'ouvrage, et les causes qui en ont empêché l'exécution complète. Dans l'entreprise de ce travail, je comptais, pour beaucoup, sur les secours que j'espérais obtenir des autres états de l'Union : car, encore qu'aucun d'eux n'ait basé de Code sur un plan aussi étendu que celui qui est tracé par notre loi, la plupart ont établi le système correctionnel sur le même plan qui doit servir de base à l'édifice de notre·législation pénale. Mais avant de pouvoir profiter des avantages que je me promettais de l'expérience d'autrui à cet égard, il fallait nécessairement en connaître les résultats. Ces données ne pouvaient s'acquérir qu'en recueillant les rapports officiels, et autres documens relatifs à ces différens établissemens; et en enga-

geant des hommes distingués par leurs lumières, à me
communiquer le fruit de leurs observations à ce sujet.
Convaincu, en outre, de l'utilité qu'on pouvait retirer de la comparaison des opinions de jurisconsultes
éclairés, d'hommes d'état éminens, sur quelques principes fondamentaux, qui doivent entrer, comme parties intégrantes dans le système projété, j'adressai
aux gouverneurs des divers états, plusieurs copies de
la lettre circulaire ci-jointe; avec prière d'en recommander le contenu à des personnes de qui l'on pût
attendre les informations desirées. Par ces démarches,
et d'autres semblables, j'avais espéré parvenir à rassembler une masse de renseignemens précieux, non-
seulement pour moi, dans l'exécution de l'ouvrage,
mais pour la législature elle-même, dans le jugement
qu'elle doit porter de ce travail. Néanmoins, mon
attente n'a été encore jusqu'à ce jour, que partielle-
ment remplie. Le seul état des Massachusetts m'a
fourni un rapport sur l'état de la maison de correction.
Je suis redevable au gouverneur Wollcott, et au juge
Swift du Connecticut; au chancelier Kent de New-
York; au juge Holeman de l'Ohio; à M. Rowle de la
Pensilvanie; à M. Bower de Rhode-Island; au juge
Brier du Maryland, et au colonel Johnson du Ken-
tucky, de quelques renseignemens utiles. A ces exceptions près, il paraît que les personnes auxquelles mes
lettres ont été adressées, ont eu trop d'occupation dans
leurs états respectifs, pour donner quelque attention
aux affaires du nôtre.

M. Rush, notre ambassadeur à Londres, a eu la
bonté de me faire parvenir les rapports du Comité de
la Chambre des communes, chargé d'examiner, s'il
convenait de réviser les lois pénales anglaises : documens d'un grand mérite, et qui mettent en évidence
l'opération de cette loi (que nous avons en partie
adoptée), dans le pays même d'où nous l'avons em-
pruntée*.

Il paraît qu'il n'est pas aisé de se procurer ces rapports, et que M. Rush en a été redevable à M. Jéré-
mie Bentham, le même dont les écrits ont porté un
si grand jour dans la législation criminelle. Dans une
note adressée à M. Rush, relativement à notre projet,

---

* La Chambre des communes d'Angleterre, lorsqu'une proposition lui paraît de nature à être prise en considération,
charge un comité choisi dans son sein de faire les enquêtes nécessaires pour arriver à la vérité. Ce comité est ordinairement
présidé par l'auteur de la proposition ; il a le droit d'appeler
en témoignage tous ceux qui peuvent donner des éclaircissemens sur l'objet dont il s'occupe et l'on peut dire que c'est à
cette habitude parlementaire que les Anglais doivent en grande
partie leur liberté et leur prospérité. Les lois criminelles ayant
depuis long-temps fixé l'attention des hommes d'état et des
jurisconsultes les plus illustres, c'est des enquêtes qui ont eu
lieu sur leurs motions que M. Livingston fait ici mention.
Nous avons sous les yeux le *Report from select committee on
criminal laws with the minutes of evidence* (in-8°, 1820) et rien
n'est plus intéressant que ces dépositions d'hommes de toutes
les classes de la société sur la nécessité de réformer les lois
pénales.

(*Note de l'Editeur.*)

M. Bentham a suggéré quelques idées, dont il verra que nous avons profité.

Il n'est pas douteux que je n'aie perdu quelque temps à attendre les réponses à mes lettres; mais la vérité ne me permet pas de présenter ce délai (non plus que les interruptions nécessairement occasionnées par les devoirs de mon état), comme les seules causes qui aient empêché l'exécution complète de la tâche que j'ai entreprise.

Je n'ai jamais présumé de mes forces, au point de m'imaginer pouvoir exécuter la totalité du plan, dans le court intervalle qui sépare deux sessions; mais je pensais que des parties de ce plan pouvaient être préparées et soumises à la sanction de la législature actuelle, réservant les autres parties pour être l'objet de travaux subséquens. Un examen plus attentif de la matière, m'a convaincu de mon erreur. En établissant les principes sur lesquels doit reposer l'ouvrage, et en traçant l'esquisse de ses différentes divisions, j'ai reconnu que les parties en étaient si étroitement liées; les renvois continuels de l'une à l'autre, si indispensables, qu'il était difficile de pouvoir juger d'une partie, sans la considérer dans l'ensemble : je me suis donc déterminé à mettre sous les yeux de l'Assemblée générale, ce que j'ai fait pour développer le plan sur lequel je me propose d'exécuter l'ouvrage; et à lui présenter quelques parties détachées, pour servir de base à son opinion, sur la continuation ou l'abandon de ce travail.

L'avertissement préliminaire, ci-annexé, établit les différentes divisions de ce Code, en livres, chapitres et sections. Le tout est subdivisé en articles numérotés progressivement et indépendamment pour chaque livre, de manière que les citations puissent être faites, en indiquant seulement l'article et le livre. Un ordre numérique, en progression continue, dans tout le cours de l'ouvrage, offre des inconvéniens déjà sentis dans plus d'un cas; borné par chapitre ou section, il complique les difficultés des renvois. Le même avertissement contient quelques dispositions générales, pour prévenir ces répétitions, qui ajoutent encore au barbarisme du protocole réglementaire, mais dont l'exclusion absolue a néanmoins quelquefois contrarié l'intention du législateur. Qui ne connaît les deux statuts passés en Angleterre, pour punir, l'un les vols de chevaux, et l'autre le vol d'un cheval? Encore hésite-t-on sur la nécessité d'un troisième statut, pour spécifier le genre dans l'espèce.

Un autre paragraphe de cet avertissement présente une méthode qui peut, je crois, concourir à rendre ce Code à-la-fois clair et concis. Les mots techniques ne sont jamais employés dans l'ouvrage, quand la même idée peut être rendue en termes ordinaires. Dans bien des cas néanmoins, leur emploi est inévitable. Alors, toutes les fois qu'une expression ou une phrase est ambiguë, ou prise dans un autre sens que celui qui y est attaché dans le langage ordinaire, il devient nécessaire d'expliquer l'acception précise qu'y donne le Code : à cet effet, toutes les fois que de pareilles expressions se rencontreront dans le cours de l'ouvrage, elles seront imprimées en caractères distinctifs, pour indiquer qu'elles sont définies et expliquées. Ces définitions et explications composent le premier livre.

On conçoit que ce livre, le premier dans l'ordre numérique, est nécessairement le dernier dans l'ordre de l'exécution. Les termes qui exigent explication sont notés, et leur définition donnée, à mesure qu'ils se présentent dans le cours de la composition; lorsque l'ouvrage sera achevé, on le soumettra à des personnes étrangères au vocabulaire des lois; et chaque mot qu'elles ne trouveront pas parfaitement intelligible, sera désigné pour être expliqué. Cette première partie du plan peut être regardée comme neuve. Elle exige, en conséquence, la plus scrupuleuse attention sur la convenance de son adoption. La méthode qui y est établie m'a paru le plus sûr moyen de rendre l'ouvrage à-la-fois concis et facile à être compris, par ceux qui sont les plus intéressés à en bien connaître la portée et la teneur.

A la tête du second livre est une introduction qui développe les motifs qui ont porté à la création d'un Code criminel; et qui consacre, par une solennelle déclaration législative, les principes sur lesquels en sont fondées les dispositions. Ces principes, une fois médités, et adoptés après discussion convenable, serviront à mesurer la convenance de chacune des autres parties du Code : l'esprit et les yeux constamment fixés sur ces bases reconnues invariables, nous pourrons procéder, avec plus de confiance et de facilité, à l'œuvre de la législation pénale. Un coup-d'œil suffira pour apercevoir une réflexion, pour déterminer si quelqu'une des dispositions proposées est, ou non, d'accord avec ces maximes que nous aurons adoptées comme les oracles de la vérité. Les discordances, qui se sont glissées dans notre système, disparaîtront ; chaque nouvel acte sera empreint du caractère du Code originel ; et notre législation pénale cessera d'être une pièce de marqueterie, décélant les craintes, les caprices, les passions des divers auteurs; ou l'insouciance et la négligence avec lesquelles les législateurs ont dans tous les siècles et dans tous les pays, exposé la vie, la liberté et la fortune des citoyens, par des dispositions contradictoires, des punitions cruelles ou disproportionnées, et une législation incertaine et vague, parce qu'elle n'est appuyée sur aucun principe, ou qu'elle s'étaie sur des principes variables, et dès-lors, rarement justes ou vrais. Cette partie du Code est de la plus grande importance : c'est d'elle que toutes les autres emprunteront leur caractère. C'est le fondement de tout l'ouvrage ; et si ce fondement est bien jeté, l'édifice, élevé sur son plan, ne saurait être essentiellement défectueux; aussi cette partie a-t-elle été le fruit de beaucoup de réflexions, dirigées par un desir ardent de découvrir la vérité, et de l'exprimer avec précision.

Le reste du deuxième livre est consacré à établir des dispositions générales, applicables à l'exercice du pouvoir législatif, en Jurisprudence criminelle; aux poursuites et jugemens ; aux personnes assujéties aux dispositions du Code ; aux circonstances qui peuvent justifier ou excuser des actes qui, autrement, seraient des délits; aux récidives; aux personnes participant différemment au même délit, comme auteurs principaux, complices ou adhérens.

Je pense que l'énonciation de ces dispositions générales, ne contribuera pas peu, non-seulement à éclaircir, mais à abréger l'ouvrage. En les réunissant dans un même chapitre, la mémoire est aidée, l'ordre mieux conservé, et les répétitions considérablement diminuées. Dans le nombre des dispositions relatives à l'exercice du pouvoir législatif, il en est qui méritent particulièrement de fixer l'attention de l'assemblée générale. Telle est celle qui exclut, expressément, toute cette classe de délits qui figurent dans le Code pénal anglais et dans plusieurs autres, sous le titre de délits contre les lois de la morale, de la nature et de la religion. Ici la volonté de la législature est établie comme la seule règle; et la loi ne sera plus, désormais, sophistiquée par les opinions indigestes et versatiles des juges sur les limites de ce prétendu Code de morale. A cette disposition se lie celle, peut-être encore plus importante, qui défend de punir aucun acte non prohibé par la lettre expresse de la loi, sous prétexte qu'il l'est par l'esprit de la loi. Pour faire sentir l'importance de cette disposition, on a joint à la règle, les raisons qui en motivent l'établissement.

Dans les lois criminelles qui nous régissent actuellement, la plupart des délits sont décrits, dans le langage technique de la Jurisprudence anglaise. C'est à cette source qu'on nous renvoie pour les explications. Par-là nos juges se sont crus obligés d'adopter ces définitions de délits, données par les cours d'Angleterre; et tout le cortège des délits interprétatifs *(constructive offences)*. a envahi notre Jurisprudence. L'institution du jugement par jury, la rareté de l'infliction des tortures *, et plus récemment, la loi d'*habeas corpus*, donnent aux lois pénales anglaises, une supériorité décidée sur celles de leurs voisins.**

---

* Par cette expression, M. Livingston entend dire probablement que les lois anglaises n'ordonnent que rarement l'infliction de peines cruelles, car, la torture, comme elle existait autrefois en France, a toujours été inconnue dans la législation anglaise, suivant Blackstone (Liv. iv, ch. xxv). Il est vrai que la *Peine forte et dure* avait de grands rapports avec elle, quoi qu'en dise ce savant jurisconsulte; mais cet horrible châtiment, s'il n'a pas été formellement abrogé, est tombé du moins en désuétude et aucune cour de justice n'oserait aujourd'hui en ordonner l'application.

(*Note de l'Editeur.*)

** M. Livingston me paraît confondre ici l'*instruction criminelle* avec la *législation pénale*. Nous sommes très disposés à reconnaître que, sous beaucoup de rapports, les Anglais pos-

Malheureusement, la nation prit cette supériorité pour la perfection; et tandis que son orgueil jetait un regard dédaigneux sur le reste de l'Europe, et la raillait de ses tortures, de son inquisition et de ses tribunaux secrets, ses yeux se fermaient sur les imperfections de son propre Code. On refusait aux prisonniers l'assistance d'un conseil; des hommes étaient exécutés, parce qu'ils ne savaient pas lire; ceux qui refusaient de répondre, étaient condamnés à périr dans les plus cruelles tortures. Les exécutions pour certains crimes, avaient un appareil de boucherie, à révolter un sauvage. La vie et l'honneur d'un accusé étaient laissés à la décision incertaine d'un combat judiciaire. Un misérable sophisme introduisait la doc-

sèdent un meilleur mode d'instruction criminelle que le nôtre; il laisse moins de place à l'arbitraire et offre plus de garantie à la liberté individuelle. Mais, malgré les vices contenus dans le Code pénal français, il est mille fois au-dessus des lois pénales anglaises. Rien de plus incohérent que ces vieux statuts qu'on ne saurait appliquer à la lettre sans faire frémir l'humanité, tant la peine de mort y est prodiguée! Les Anglais eux-mêmes sentent la défectuosité de leur Code pénal, et sans l'extrême circonspection qu'ils apportent à modifier les diverses parties de leurs antiques institutions, il y a long-temps qu'ils auraient cédé à la voix éloquente des Romilly et des Mackintosh, en adoptant une entière révision de leur système de pénalité. On peut voir le développement de ces idées dans mes *Réflexions sur les lois pénales de France et d'Angleterre* (1 vol. in-8°.)

(*Note de l'Editeur.*)

trine de la corruption du sang *(corrupted blood *.)*
Les hérétiques et les sorcières étaient livrés aux
flammes. Nulle proportion entre les crimes et leur
punition. La coupe d'un arbrisseau et l'assassinat
d'un père, la destruction d'un étang et l'empoison-
nement d'une famille entière ou son massacre pendant
son sommeil, encouraient la même peine. Deux cents

---

* « L'effet de la *corruption du sang* est de priver le condamné
et ses ayant-cause de tous ses biens mobiliers et fonciers.
Ainsi, les enfans et les descendans ne sont pas seulement exclus
de la succession de leur père ou aïeul, mais encore de celle de
tous les ascendans d'un degré plus éloigné, dans le cas où
cette succession ne pourrait leur échoir que comme héritiers
du condamné, et comme ses représentans. La confiscation s'é-
tend au-delà des biens présens du condamné, et des droits qui
lui sont échus au moment de sa condamnation. Par une fiction de droit, celui dont le sang est corrompu, quoique exécuté et mis à mort, est censé vivant; tout droit qui lui échoit
par la suite, à quelque époque que ce puisse être, est frappé
de la confiscation : ce droit ne peut donc passer à ses descendans, mais appartient soit au fisc, soit au seigneur, qui peut
profiter de la confiscation. Cette disposition s'appelle *escheat*.

« L'effet terrible de cette peine ne peut être contrebalancé
par le droit de grâce, puisque le roi, selon les principes de la
constitution britannique, ne peut jamais, par l'exercice de ce
droit, dispenser des lois existantes ou des droits d'un tiers;
l'anéantissement des conséquences de la corruption du sang
ne pouvant avoir lieu sans préjudicier au seigneur qui peut
profiter du droit *d'escheat*, il en résulte que cette peine ne peut
être remise à celui qui y a été condamné. » *Réflexions sur les
lois pénales de France et d'Angleterre,* p. 115.

2

actions différentes, dont la plupart ne méritent pas le
nom de délits, étaient punies de mort. L'épouvan-
table liste était encore journellement accrue par la
législation des juges, qui déclaraient punissables, en
vertu de l'esprit de la loi, des actes non criminels
suivant la lettre de la loi; elle fournissait le texte, et
les tribunaux en écrivaient les commentaires en lettres
de sang, et multipliaient les punitions par la création
de délits interprétatifs (constructive offences.) La
phraséologie vague et souvent inintelligible des statuts, la discordance d'opinion des écrivains élémen-
taires, donnaient une apparence de nécessité à cette
usurpation de pouvoir, et la nation anglaise se sou-
mettait à la législation de ses cours, et voyait ses
citoyens pendus, écartelés et brûlés vifs, pour des
félonies, des trahisons ou des hérésies interprétatives,
et l'endurait avec une patience qui eût étonné,
quand même les lois écrites auraient sanctionné de
telles barbaries. La première interprétation extensive,
au-delà de la lettre d'un statut pénal, est une loi ré-
troactive, par rapport au délit qu'elle punit, et une
usurpation du pouvoir législatif, en ce qu'elle crée
une règle pour les décisions futures. Dans notre république où la constitution défend strictement aux différentes branches du gouvernement de s'immiscer dans
les fonctions les unes des autres, l'exercice d'un tel
pouvoir serait plus particulièrement dangereux. Aussi,
a-t-on jugé convenable de le restreindre, par une prohibition expresse. Il pourra résulter delà, que quelques

actes préjudiciables à la société restent momentanément impunis ; mais on a estimé moins funeste cet
inconvénient passager, qu'un empiétement de pouvoir
si contraire aux principes de notre gouvernement. Il
est bon de remarquer que l'appréhension de semblables
conséquences n'est point idéale, et que les décisions
de tous les tribunaux, qui suivent la loi commune,
justifient la présomption que nos cours , si elles
n'étaient restreintes par quelque mesure législative,
ne seraient pas plus scrupuleuses que les autres à
consacrer ce dangereux abus. On se propose d'insérer,
dans une autre partie du Code, une disposition pour
soumettre à la législature, à des époques fixes, tous
les cas où l'opération de la loi aura paru rester en-
deçà, ou aller au-delà de l'intention du législateur.
Les défauts, s'ils sont reconnus tels, seront alors cor-
rigés par le pouvoir constitutionnellement autorisé à
y remédier. L'harmonie qui résulte de la distribution des pouvoirs, ne sera point troublée, et les fins
de la justice publique seront remplies avec plus de
régularité et une efficacité plus salutaire.

Par l'imperfection de la déclaration des droits
qu'elle énonce, notre constitution laisse au pouvoir
législatif, une latitude sans bornes, sur certains points,
sur lesquels la plupart des gouvernemens libres ont
jugé nécessaire de le restreindre. Une majorité dans
les Chambres, pourrait établir sa religion, comme
religion de l'Etat ; punir la non-conformité comme
hérésie, et proscrire même la tolérance des autres

2.

cultes, sans violer la lettre d'aucune loi constitutionnelle ; la *corruption du sang (corruption of blood)*
pourrait être instituée; et je ne sais si, strictement
parlant, elle n'existe pas de fait, sous les termes
vagues et généraux dans lesquels on a adopté les réglemens de la loi commune. Aucun acte législatif ne
peut appliquer de remède efficace à ces vices constitutionnels ; aussi, leur existence a-t-elle nécessité l'énonciation de plusieurs principes généraux qui, sans
cette circonstance, eussent pu être omis. Je ne me dis-
simule pas que ces principes ne lieront point nos suc-
cesseurs ; mais nous aurons manifesté notre conviction intime de leur vérité , et en les gravant profondément dans l'esprit de nos constituans, nous aurons
rendu plus difficile et plus odieuse toute tentative
faite pour les renverser ou les ébranler. En politique,
comme en jurisprudence, les vérités reconnues ne sauraient être trop souvent répétées; quand les vrais principes de la législation, dans ses différentes branches,
sont bien imprimés dans l'esprit du peuple, qu'il voit
les raisons des lois qui le gouvernent, il leur obéit
avec joie, si elles sont équitables, et sait comment il
doit les changer, si elles sont oppressives.

Le rapporteur a donc considéré comme une partie
essentielle de son devoir de fortifier les préceptes du
Code projété, par l'énonciation des raisons sur lesquelles ils sont fondés; de dévoiler ainsi les secrets
de la législation pénale, et de faire voir que le mys-
tère dont on s'est plu à l'envelopper, jusqu'à ce jour,

n'est point inhérent au sujet, mais se dissipe à la lumière des vrais principes.

Parmi les dispositions générales, il s'en trouve une qui garantit le droit de publier, sans contrôle, les procès en cour criminelle, et de discuter librement la conduite des juges et autres officiers employés dans l'administration de la justice. A cet effet, on a pourvu à ce que les juges fussent tenus, à la requête de l'une des parties, de donner, par écrit, leurs décisions et les raisons qui les auront motivées. On se propose dans une autre partie du Code, de charger particulièrement un officier de publier des rapports exacts de tous les jugemens remarquables soit par l'atrocité des crimes, soit par l'importance des principes développés dans le cours du procès. La publicité est un objet si important, dans les gouvernemens libres, qu'elle doit être, non-seulement permise, mais imposée, comme un devoir. Le peuple doit être contraint à prendre connaissance de ce que font ses serviteurs, ou bientôt, ainsi que d'autres maîtres, il aimera mieux endurer les abus, que de prendre la peine de s'enquérir de l'état de ses affaires. Aucune nation n'a encore éprouvé d'inconvénient d'une inspection trop attentive, sur la conduite de ses employés; mais plusieurs sont tombées dans la ruine et dans l'esclavage, pour avoir laissé graduellement s'accumuler des abus et des déceptions qui n'étaient inaperçus que parce que les moyens de publicité n'étaient pas assurés. Dans nos temps modernes, la presse est un si puissant organe

public, que la nation qui néglige de s'en servir, pour
promulguer les opérations des diverses branches du
gouvernement, ne peut connaître, apprécier, ni mériter les bienfaits de la liberté. La tâche importante de
répandre ce genre d'information ne doit donc pas être
laissée à la chance des caprices particuliers ; elle doit
être un devoir public. Alors chaque employé dans
l'administration de la justice agira d'après la conviction que sa conduite officielle, ainsi que ses opinions, seront discutées devant un Tribunal où il ne
préside, ni ne prononce. Il est facile d'imaginer l'effet
d'une pareille conviction, et de calculer que son degré
de force sera la mesure de l'activité et de la fidélité de
ceux sur qui elle opérera.

Le jugement par jury est établi par notre constitution, mais ne l'est pas exclusivement. Cependant
la loi peut statuer cette exclusion de tout autre mode
de jugement. Il y a tant et de si fortes raisons en
faveur de cette mesure, qu'on a cru devoir insérer,
dans le Code, une déclaration précise, que dans toutes
poursuites criminelles, le jugement par jury est un
privilège auquel on ne peut renoncer : si l'option en
était laissée à l'accusé, il serait à craindre que le desir
de capter la faveur du juge, l'ignorance de son véritable intérêt, ou le trouble inséparable de sa situation,
ne l'engageassent à se départir de l'avantage d'être
jugé par ses pairs, et que le peuple ne s'habituât
ainsi, par degré, à un spectacle qu'il ne doit jamais
voir, celui d'un seul homme déterminant le fait,

appliquant la loi, et disposant à son gré, de la vie,
de la liberté et de l'honneur d'un citoyen *.

En proposant cet amendement à notre loi, qu'il me
soit permis de présenter quelques réflexions, pour en
démontrer l'importance. Le jugement par jury ne
faisait partie de la Jurisprudence d'aucun des gouvernemens qui ont régi la Louisiane, avant la dernière cession de cette province. Ce mode de jugement
n'y fut introduit qu'à l'époque de son incorporation
aux Etats-Unis, comme un de leurs territoires. Par
le premier acte qui consacra cette réunion, le jugement par jury fut établi, pour les cas encourant peine
capitale : pour tous les autres, soit civils, soit criminels, il fut laissé, comme il l'est encore, à l'option des
parties. Dans ce second degré de gouvernement, il fut

---

* Il n'est pas de plus beau spectacle que celui de ce peuple,
éloignant toute idée qui pourrait faire concevoir quelque
crainte à l'accusé et l'engager à choisir pour ses juges d'autres
personnes que le jury. Il résulte de ce passage, que l'accusé,
d'après les termes de la constitution, peut choisir à son gré
d'être jugé par le jury ou par les juges ordinaires. Cependant,
l'article 18 du titre VI de cette constitution semble impératif;
il est ainsi conçu : « Dans toutes poursuites criminelles, l'accusé
aura le droit d'être entendu par lui et par son conseil, de demander la nature et le motif de l'accusation intentée contre
lui, d'être confronté avec les témoins à charge, et pour l'accusation et l'instruction du procès, *il sera jugé par un jury impartial du voisinage;* il ne pourra, dans aucun cas, être obligé
de donner témoignage contre lui-même. »

(*Note de l'Editeur.*)

statué que le peuple jouirait du privilège du jugement par jury; mais aucune déclaration ne l'établit comme l'unique mode de jugement. Notre constitution d'état l'adopta, à-peu-près dans les mêmes termes. Cette indifférence, dans notre pacte constitutionnel, pour une institution si essentiellement importante, a eu les plus funestes conséquences, qui n'ont fait qu'accroître par des dispositions subséquentes. Le jury est déjà banni de nos cours, en matière civile, ou n'est employé que comme une entrave, ou comme un lourd et fatigant véhicule, pour transmettre à la Cour suprême, les témoignages d'après lesquels elle doit décider. Cette dégradation des fonctions des jurés, dans les cas de propriété ne tend, certes nullement, à les rendre respectables, dans ceux où il s'agit de la vie ou de la liberté. En matière criminelle, l'avocat-général requiert, je pense, comme il en a le droit, le jugement par jury, dans tous les cas graves, même lorsque l'accusé voudrait y renoncer ; mais un avocat-général moins ami de l'institution, et un juge plus ambitieux de pouvoir, que ceux qui, en ce moment occupent ces places, trouveraient facilement, dans l'état actuel de la loi, le moyen de rendre le jury aussi inutile, aussi insignifiant et aussi rare , en cour criminelle, qu'il l'est déjà dans les cours civiles, par l'insuffisance de la loi.

Quel est le raisonnement des partisans de cette loi telle qu'elle existe ? Le voici : « En admettant que le jugement par jury soit un avantage, la loi a fait assez, en laissant à l'accusé la faculté de s'en prévaloir : il est le meilleur juge de ce qui peut lui être utile ; et il serait injuste de le gêner dans un choix aussi important ».

Cet argument est plus spécieux que solide. Il y a des raisons, déjà énoncées, qui prouvent qu'il est beaucoup de cas où cette faculté de choisir ne saurait être librement exercée. Il est, en outre, un autre intérêt à considérer, indépendamment de celui de l'accusé. Si ce dernier est coupable ; l'Etat a le plus grand intérêt à ce que le fait soit fidèlement examiné devant des juges inaccessibles à toute espèce d'influence, et étrangers aux erreurs qui dérivent de fausses idées de devoirs officiels ; il a un intérêt dans le caractère de son administration judiciaire ; il a le premier des devoirs à remplir, celui de la placer à l'abri de tout soupçon. Il n'est donc pas vrai de dire, que la loi a assez fait, en laissant le choix (supposé même qu'il pût être fait avec discernement) entre un mode de jugement loyal et impartial, et un autre contre lequel s'élèvent les plus fortes objections. La loi doit faire plus : elle doit restreindre ce choix, de manière à ne pas permettre qu'un individu mal conseillé, la convertisse en un instrument de ruine ou de mort, encore que l'une fût volontaire, et l'autre un suicide.

Un autre avantage, qui doit engager à rendre obligatoire ce mode de jugement, c'est qu'il répand les plus utiles connaissances parmi toutes les classes de la société. C'est une grande école, dont chaque réunion de jury est une classe séparée ; dans laquelle les pré-

ceptes de la loi, et les conséquences de leur violation, sont enseignés par pratique. L'exercice fréquent
de ces importantes fonctions donne, en outre, un certain sentiment de dignité personnelle, de respect de
soi, qui, non-seulement convient au caractère d'un
citoyen libre, mais ajoute encore à son bonheur privé.
Ni l'intrigue, ni l'esprit de parti, ni l'influence du
pouvoir, qui parviennent souvent à humilier l'orgueil
des autres offices et à disposer des autres places, ne
peuvent lui ravir sa part dans l'administration de la
justice publique. Chaque fois qu'il est appelé à agir
en cette qualité, il doit sentir que, quelle que soit son
humble situation dans l'ordre social, il est néanmoins le protecteur de la vie, de la liberté, de l'honneur de ses concitoyens, contre l'injustice ou l'oppression; et qu'en même temps que son jugement, droit
et sain, est considéré comme le plus sûr refuge de
l'innocence, son incorruptible intégrité est regardée
comme la garantie la plus certaine de l'impunité du
crime *.

* Rien ne me paraît plus juste et mieux pensé que ce passage. L'institution du jury est plus propre qu'aucune autre à
répandre les lumières parmi le peuple. Elle familiarise toutes
les classes de la société avec la connaissance des lois, et doit
donner aux citoyens qui savent toute l'importance des nobles
fonctions de juré, le desir de s'initier aux notions accessoires
de ces fonctions. L'un des résultats immédiats du jury, indépendamment de l'excellence de cette institution en elle-même,
c'est de donner plus de gravité aux mœurs et d'étendre la connaissance des lois du pays.   (Note de l'Editeur.)

Un état, dont les moindres citoyens sont ainsi, tour-à-tour, élevés à ces augustes fonctions, et deviennent alternativement, les défenseurs de l'innocent, la terreur du coupable, et les gardiens vigilans de la constitution ; sans le consentement desquels aucune punition ne peut être infligée, aucune disgrâce encourue ; qui peuvent, d'un mot, arrêter le bras de l'oppression et diriger le glaive de la justice ; un tel Etat, dis-je, ne peut tomber dans la servitude, ni être facilement opprimé. Des chefs corrompus peuvent altérer ou pervertir la constitution, d'ambitieux démagogues, la dénaturer ou la violer, l'influence étrangère en entraver ou arrêter l'opération : mais tant que le peuple jouit du privilège d'être jugé par des jurés pris dans son sein, et désignés par le sort, il ne peut cesser d'être libre. Les lumières que dissémine cette inappréciable institution, le sentiment de dignité et d'indépendance qu'elle inspire, le courage qu'elle crée, donnent toujours à la nation une énergie de résistance qui lutte corps à corps avec l'usurpation, et un élan de patriotisme qui déconcerte et décourage tout pouvoir arbitraire. Ils le savent bien, les ennemis de la liberté ! ils savent combien ce véhicule est puissant pour transmettre la contagion de ces principes libéraux qui attaquent les parties vitales de leur pouvoir ; aussi, mettent-ils plus de soin à se garantir de son introduction qu'ils n'en prennent pour se préserver des maladies pestilentielles. Dans les contrées où cette institution existe déjà, ils travaillent à miner insidieusement, ce qu'ils n'osent, ouvertement détruire. On introduit, sous le plausible prétexte d'amélioration, des changemens incompatibles avec l'esprit de l'institution : la classe commune des citoyens est trop peu instruite, pour remplir les devoirs de jurés; un choix est absolument nécessaire, il doit être laissé à un agent du pouvoir exécutif, et être fait, parmi ce qu'il y a de plus distingué par l'éducation, la fortune ou le rang. De manière qu'après les opérations successives de cette chimie politique, on obtient, en résultat, une masse brillante, il est vrai, bien purgée de toutes scories républicaines, mais dénuée de cette valeur intrinsèque qui gissait dans la grossière, mais inflexible intégrité, dans la brusque, mais incorruptible pureté de la substance première. Des hommes ainsi assemblés n'ont de commun, que le nom, avec ces jurés illéttrés, mais fermes et honnêtes, qui ne dérivent leur dignités que des fonctions qu'ils remplissent ; fonctions dont la courte durée prévient les tentatives de la corruption et l'influence du pouvoir *.

---

* C'est en effet une erreur de croire qu'il soit nécessaire d'offrir de grandes garanties d'instruction pour être un bon juré. Je suis convaincu que des artisans, munis d'un sens droit, seraient pour la plupart du temps plus propres à remplir ces fonctions que les docteurs ou licenciés des quatre facultés dont parle l'article 382 de notre Code d'instruction criminelle. Effectivement, le plus grand nombre des affaires soumises au jury consistent dans des vols avec effraction ou autres circonstances agravantes résultant d'un fait matériel et mécanique.

Par de semblables innovations, l'institution est tellement défigurée, qu'il ne lui reste plus rien qui puisse concilier l'attachement ou réveiller l'intérêt du peuple; elle est négligée comme inutile, ou abandonnée comme un instrument nuisible.

En Angleterre, la liste des jurés est dressée par un officier de la couronne. Mais il est des correctifs qui diminuent les fâcheuses conséquences de ce vice. Le rapport (excepté dans quelques cas spéciaux très rares,) est fait, non pour un cas particulier, mais généralement pour toutes les causes prêtes pour être jugées; et dans le nombre considérable de jurés inscrits au tableau, les douze qui doivent officier, sont désignés par le sort. Dans les causes capitales, le droit de récuser des jurés est exercé avec une telle latitude, qu'il déconcerte et neutralise toutes les pratiques de

Croit-on que, dans ce cas, un serrurier ou un menuisier, ne seront pas plus à même que d'autres d'apprécier ces circonstances et d'apercevoir le plus ou le moins de probabilité qui les environne ? Je conviens cependant que, dans l'état de choses actuel, il pourrait y avoir des inconvéniens à mettre du jury de simples ouvriers, chez lesquels il est trop rare de voir réunies les qualités que la loi doit demander à ceux qui sont appelés à prononcer sur la vie et l'honneur de leurs concitoyens. Mais il y a lieu d'espérer que lorsque les connaissances et les lumières seront plus répandues chez le peuple, il adoptera des habitudes de moralité qui permettront au législateur de ne pas le repousser entièrement des institutions auxquelles les individus d'une classe plus élevée participent aujourd'hui.

(*Note de l'Editeur.*)

la corruption. Si à cela nous ajoutons la vénération générale pour ce mode de jugement, la force de l'opinion publique, guidée par l'esprit que cette institution a créé, répandu et perpétué, nous concevrons pourquoi le jugement par jury, malgré son imperfection organique, est considéré, avec raison, comme le palladium de la liberté publique; et pourquoi la nation anglaise, encore qu'elle souffre, avec une indifférence honteuse, qu'une aristocratie corruptrice et ambitieuse domine sa législature, et empiète sur les droits de la couronne, se glorifie, à juste titre, de l'indépendance de son administration judiciaire, ennoblie qu'elle est, au moyen du jugement par jury. Nous avons reçu d'ancêtres communs, le précieux héritage de cette belle institution : sachons la défendre, la conserver, la perfectionner, non pas seulement pour en jouir nous-mêmes, mais afin que, si jamais le système représentatif ou le privilège de l'*habeas corpus*, venaient à se perdre ou à se corrompre, dans le pays qui leur a donné naissance, nous puissions, à notre tour, offrir à l'adoption de ce peuple régénéré, ces grandes institutions de la liberté, fondées par nos communs aïeux, et conservées par les travaux, l'expérience et la valeur de leurs descendans.

En France, ce mode de jugement fut introduit par la révolution ; mais ensuite, il fut trouvé peu convenable pour l'exercice du pouvoir impérial. Il fut modifié par le Code de 1808, au point de ne rien conserver de son type originel. Le jury devint un corps choisi, dont tous les membres, au nombre de soixante, étaient désignés par un préfet, qui tenait son office du bon plaisir de la couronne. Par des opérations, toutes faites par des officiers du Monarque, le nombre fut réduit à vingt-un. L'accusé avait le droit illusoire d'en récuser neuf; et la majorité des douze restans, combinée, on ne conçoit guère comment, avec l'opinion du siège, décidait du sort de l'accusé. Eh bien! même sous cette forme viciée et dégradée, on a encore vu quelquefois des jurés s'interposer entre le pouvoir exécutif et ses victimes ; et le seul nom (car c'est tout ce qui en reste) de jugement par jury, est actuellement, sous la monarchie française, l'objet de la jalousie et des craintes du trône *.

* Il y a dans tout ceci des erreurs qu'il nous est impossible de ne pas relever. D'abord, ce n'est pas à vingt-un, mais à trente-six, que la liste primitive de soixante jurés choisis par le préfet est réduite par le président de la cour d'assises, lequel est un magistrat inamovible. M. Livingston suppose que, sur la liste ainsi réduite, l'accusé n'a le droit illusoire de ne récuser que neuf jurés. Cette erreur est une suite de celle que je viens de signaler. La loi ne s'exprime pas sur le nombre juste de jurés que l'accusé et le ministère public ont le droit de récuser, parce qu'il peut arriver que les trente-six jurés ne soient pas présens et qu'elle n'exige l'appel d'autres personnes que dans le cas où trente membres du jury ne se trouveraient pas réunis au moment de la formation. Elle dit : « L'accusé, premièrement, et le procureur-général récuseront *tels jurés qu'ils jugeront à propos*, à mesure que leurs noms sortiront de l'urne, sauf la limitation exprimée ci-après. » (Code d'instruction criminelle article 399). Cette limitation est ainsi

Avec de tels exemples sous les yeux, n'est-il pas de notre devoir, en formant un nouveau Code, de graver dans les cœurs de nos constituans, un attachement sacré, pour une institution si vénérable par son antiquité, si sage dans sa théorie, si efficace dans sa pratique, d'une nature si bien adaptée à sa fin; la terreur du crime, l'espoir de l'innocence; révérée par les amis de la liberté, détestée et abhorrée par ses

conçue : « Les récusations que pourront faire l'accusé et le procureur-général, s'arrêteront lorsqu'il ne restera que douze jurés. L'accusé et le procureur-général pourront exercer un égal nombre de récusations ; et cependant, si les jurés sont en nombre impair, les accusés pourront exercer une récusation de plus que le procureur-général, » (*ib*. art. 400 et 401). Ainsi, lorsqu'aucun des trente-six jurés ne manque à l'appel, l'accusé et le procureur-général ont l'un et l'autre le droit d'en récuser douze, puisqu'il en doit rester douze pour le jugement. Si l'un des jurés ne s'est pas présenté, l'accusé conserve son droit d'en récuser douze, mais celui du procureur-général est réduit à onze. Ne peut-on pas croire aussi que M. Livingston n'a pas bien compris la jonction de la cour au jury, lorsqu'elle est commandée par la loi? Effectivement, il dit que « la majorité des douze restans, combinée, *on ne sait guère comment*, avec l'opinion du siège décidait du sort de l'accusé. » On penserait, d'après cette phrase, que, dans toutes les affaires, l'opinion de la cour sur le fait doit se réunir à celle du jury. On sait assez que c'est lorsque les jurés sont divisés sur la culpabilité et qu'il y en a sept pour la condamnation et cinq pour l'absolution, que la cour est appelée à délibérer sur le fait. Du reste, je ne prétends pas approuver ces diverses combinaisons. Bien au contraire, je suis intimement persuadé que nous n'a-

antagonistes ? Pouvons-nous entourer d'un respect
trop religieux, ce sanctuaire, asile de la liberté, et qui
deviendrait sa retraite dernière, si jamais (que le ciel
en préserve long-temps notre patrie!) la corruption
pervertissait, ou la tyrannie renversait les autres institutions créées pour la protéger. Mais alors même, le
sort de la nation ne serait pas désespéré; l'esprit régé-

vons que l'ombre du jury. Mais, M. Livingston pousse beaucoup trop loin les préventions, lorsqu'il accuse la monarchie
Française et le trône de nourrir des craintes contre l'institution du jury. Bonaparte et ses conseillers doivent seuls être
accusés de tous les vices qui entachent aujourd'hui le jury français. La vérité veut qu'on reconnaisse que, depuis la restaura-
tion de la maison de Bourbon sur le trône de ses ancêtres, on
a beaucoup plus fait pour l'amélioration des lois criminelles,
et notamment pour le jury, que sous les douze années du
pouvoir de Bonaparte. En effet, la loi du 24 mai 1821, a ap-
porté quelques améliorations au mélange de la cour et du jury,
et en 1819, une commission composée de magistrats et d'hommes
d'état a été chargée de préparer un autre système de jury. Une
loi du 25 juin 1824 attribue aux cours d'assises le droit de
mitiger la peine en certaines circonstances notamment pour
l'infanticide; et enfin, une nouvelle commission vient d'être
chargée de fouiller dans l'immense recueil de nos lois anciennes et modernes, pour en tirer celles qui doivent être
conservées et rejeter à jamais les autres du nombre des lois qui
seront conservées en vigueur. Espérons que nous touchons au
moment où l'on refondra en entier nos deux Codes d'instruction criminelle et pénal, et où l'on rendra au jury le caractère qui lui est propre, l'indépendance, les lumières et la dignité.

(*Note de l'Editeur.*)

nérateur ne s'éteint jamais, tant qu'existe cette institution inventée pour sa conservation : entretenu et
alimenté, dans ce dernier retranchement, il acquiert
graduellement des forces ; au jour propice, il sort, il
se manifeste dans sa majesté ; et parcourant la terre
étonnée, il arrête les progrès du pouvoir arbitraire,
brise les chaînes rivées par la tyrannie, et restitue les
bienfaits de la liberté, au peuple encore pénétré du
sentiment de ses droits à cette jouissance.

S'il arrivait que ces réflexions tombassent sous les
yeux des autres états de l'Union, elles seraient considérées comme une inutile répétition de vérités admises,
usées et rebattues ; mais ici, j'ai quelque raison d'appréhender qu'elles ne soient regardées comme des as-
sertions problématiques ; néanmoins, quel que soit leur
effet, d'après l'idée que j'ai de leur importance, je me
serais cru coupable d'un manquement à mon devoir,
si j'eusse négligé de les présenter. Au reste, tout ce que
je pense sur cette question, et plus qu'il n'est en mon
pouvoir d'exprimer, se trouve renfermé dans une seule
phrase heureuse, écrite par un homme aussi distingué
par son érudition et son génie qu'admiré par la pureté de ses principes, et son attachement aux institutions libérales ; en parlant des jurés, il les appelle :
« Douze juges inamovibles que l'œil du corrupteur
ne peut apercevoir, que l'influence du puissant ne peut
atteindre ; car ils ne sont nulle part, jusqu'au moment
où la justice remettant en leurs mains sa balance, ils
écoutent, pèsent, décident, prononcent et dispa-

raissent soudain, perdus dans la foule de leurs concitoyens * ».

Les autres parties de ce livre n'exigent aucuns
éclaircissemens particuliers, ou, s'ils sont jugés nécessaires, ils seront donnés à l'époque où l'ouvrage sera
présenté à la sanction de l'assemblée générale.

Il est cependant convenable de noter ici un changement qu'on se propose d'introduire, dans la loi relative aux principaux et aux adhérens. Sous cette dernière qualification générale, la loi actuelle comprend
deux espèces de coupables, à des degrés bien différens;
et ne les distingue que par la périphrase un peu
lourde, d'*adhérens avant le fait,* et, *adhérens après le
fait.* Comme il n'existe aucun rapport commun entre
ces deux genres de la culpabilité, j'ai donné le nom
de complices aux coupables de la première espèce, et
conservé celui d'adhérens, à ceux de la seconde exclusivement. Comment, en effet, peut-on assimiler l'odieux
machinateur d'un crime, qui instigue un autre à commettre l'acte qu'il n'a pas le courage d'exécuter lui-
même, avec l'homme, dirais-je faible ou sensible, qui
cède aux supplications d'un coupable repentant, invo-
quant sa pitié, se livrant à sa merci, s'abandonnant à
sa générosité? La justice peut le censurer; l'humanité
aura de la peine à le condamner.

La première classe comprend quelques actes si iden-

---

* Discours prononcé par M. Duponceau à l'ouverture de
l'académie de droit de Philadelphie.

tiques avec ceux qui constituent les principaux délinquans qu'on a jugé plus simple et plus juste de les
ranger sous le même titre; et par là, le nombre des
crimes de complicité se trouvera considérablement
réduit.

Dans la seconde classe, la loi déclare punissables
des actions qui, si elles ne sont pas absolument ver-
tueuses, tiennent de trop près à la vertu pour pouvoir
mériter la qualification de crimes. Les farouches législateurs qui, les premiers, inventèrent cette loi, exigent (et cela sous peine quelquefois de la mort la
plus cruelle) le sacrifice de tous les sentimens de la
nature, de toutes les affections humaines. Ils rompent
le faisceau de la famille; ils brisent tous les liens de
reconnaissance, d'amour, d'honneur, d'amitié; an-
neaux précieux dont se compose la chaîne sociale. Ils
font consister l'obéissance aux lois, dans l'abandon
de tous les principes auxquels l'homme doit sa dignité,
et ne laissent à l'infortuné, qui n'a lui-même commis
aucune offense, que l'alternative d'une mort ignomi-
neuse ou d'une vie de remords et d'infamie. Quelque
hideux que soit ce tableau, l'original en existe dans
la loi relative aux adhérens après le fait. Qu'un père
soit coupable de trahison ; son fils est condamné à
l'abandonner ou à le livrer à l'exécution. Si le fils a
commis un crime, l'inexorable loi exige que son père,
que sa mère, celle dont le sein l'a porté et allaité;
que ses sœurs, ses frères, compagnons de son enfance,
étouffant dans leurs cœurs les cris de la nature, en

bannissent tout sentiment d'humanité; qu'ils trahissent indignement, le secret de sa retraite, et l'abandonnent impitoyablement à l'horreur de son sort. L'époux est tenu de dénoncer son épouse, la mère ses enfans; il n'est aucun lien de respecté; nature, sympathie, humanité, tout est sacrifié; et les hommes sont invités à être faux, traîtres, dénaturés, pour prouver qu'ils sont bons citoyens et dignes membres de la société. Ceci n'est qu'un exemple, entre mille que nous pourrions citer, du danger d'adopter inconsidérément comme des préceptes divins, et d'appliquer généralement, à toutes les nations, des lois faites pour une peuplade isolée, dans des siècles reculés et barbares; car il n'est pas douteux que ces principes n'aient été empruntés du Code juif, où ils avaient encore une bien autre latitude. Là, il était ordonné au parent du coupable, non pas seulement d'être son dénonciateur, mais encore son bourreau. « Si ton frère, le fils de ta mère, ou ton propre fils, ou ta fille, ou l'épouse de tes affections, ou l'ami que tu chéris comme ta propre existence, cherche secrètement à te séduire, disant : *Allons, et servons d'autres dieux. . . .* tu ne fléchiras point; tes yeux ne verseront point de larmes sur son sort; tu lui refuseras asile. . . . et tu ne dois faire faute de le tuer... tu le lapideras avec des pierres (*Deuter.*, chap. XIII, vers. 6 et suivans).

Il peut appartenir à la Toute-Puissance de faire taire les sentimens de la nature : mais un législateur qui n'a pas le sceau divin, pour sanctionner ses lois, ne saurait exiger de pareilles sacrifices; et dans nos temps modernes, une telle loi répugne trop à nos sentimens, pour être fréquemment exécutée. Mais pour nous assurer qu'elle ne le sera jamais, elle doit être effacée de tous les Codes qu'elle déshonore; c'est ce qu'a fait, pour le nôtre, le projet qui vous est présenté. Pour mettre fin aux perplexités que de semblables dispositions font naître dans l'esprit des jurés, et terminer la lutte qu'elles établissent entre leur cœur et leur devoir, leur humanité et leur serment; aucun parent, du principal délinquant, en ligne ascendante, ni en collatérale au premier degré; aucune personne unie à lui par mariage, ou lui devant obéissance comme serviteur, ne sera punie comme adhérente. Les cas particuliers qui affectent les liaisons d'amitié ou de reconnaissance, ne pouvant être spécifiés par la loi, seront laissés à la considération de l'autorité qui a le pouvoir de pardonner *.

* Le passage sur ce que le rapporteur appelle les adhérens à un crime me paraît fort juste, sauf ce qui concerne les serviteurs. Je conçois parfaitement qu'un père, qu'un frère, qu'une épouse ne puissent pas être punis pour avoir gardé le silence sur le crime de celui qui leur est si cher, et même pour avoir mis à l'abri des regards de la justice, les objets provenant d'un vol, quelles que soient les circonstances aggravantes qui l'aient accompagné. Mais n'est-ce pas étendre beaucoup trop cette exception, dans un pays où la domesticité ne doit être qu'un contrat qui lie le serviteur au maître seulement pour les relations habituelles de la vie, sans qu'aucune crainte révérentielle puisse obliger le premier, aux yeux de la morale ou

Je passe au plan du troisième livre le plus important de ce Code : il distingue, classe, et définit les diverses espèces de délits. Toutes les contraventions aux lois pénales sont qualifiées du nom général de délits. La distinction indispensable à établir entre les divers degrés de culpabilité, a nécessité des divisions. Pour mesurer ces degrés, on ne peut trouver d'échelle plus exacte que le tort plus ou moins grand fait à la société, par les différens actes donnés. Comme les peines doivent être proportionnées aux offenses, la différence dans la nature des punitions marque la limite qui sépare les actes moins préjudiciables, pro-

de la loi, à seconder en quoi que ce soit les actions coupables auxquelles son maître peut se livrer. Du reste, cette partie est tout-à-fait vicieuse et incomplète dans notre Code pénal : par exemple, un père qui recevrait de son fils la confession du crime d'assassinat suivi de vol qu'il viendrait de commettre avec prière de céler aux regards de la justice les objets volés, serait, s'il était découvert, obligé de monter sur l'échafaud avec celui auquel il voulait conserver la vie, la loi ne faisant aucune exception dans le cas de recelé et voulant que le recéleur soit puni comme le voleur. La peine de mort n'est-elle pas atroce lors même que le receleur n'a fait que recevoir les fruits du vol qui a été précédé d'un assassinat! Malgré toute sa rigueur, surtout pour les crimes qui compromettent la sûreté intérieure et extérieure de l'Etat, le Code de 1810 contient une disposition que nous devons rapporter. Après avoir obligé ceux qui en auront eu connaissance à les révéler à l'autorité, sous peine de réclusion s'il s'agit du crime de lèze-majesté, et d'un emprisonnement de deux à cinq ans accompagné d'une amende de 500 fr. à 2,000 fr. pour les autres prement appelés DÉLITS *(misdemeanors,)* et ceux d'un genre plus odieux, appelés CRIMES *(crimes.)* Ces derniers étant les seuls punis par les *travaux de force*, la *séclusion* ou la *privation* des *droits civils*, indépendamment de l'emprisonnement, toutes les autres offenses sont qualifiées de délits *(misdemeanors.)*

Dans le cours de l'ouvrage, j'ai senti le besoin d'une autre dénomination pour distinguer, dans cette classe, le simple délit, punissable seulement de peine pécuniaire, des délits graves que les Anglais nomment *(high misdemeanors)*, et qui est punissable et de contrainte corporelle et d'amende pécuniaire. Il est possible que j'adopte le terme d'infraction ; mais,

crimes de même nature, il ajoute dans son article 107 : « Néanmoins, si l'auteur du complot ou crime est époux, même divorcé, ascendant ou descendant, frère ou sœur, ou allié aux mêmes degrés, de la personne prévenue de réticence, celle-ci ne sera point sujette aux peines portées par les articles précédens ; mais elle pourra être mise, par l'arrêt ou le jugement, sous la surveillance spéciale de la haute police pendant un temps qui n'excédera point dix ans. » Mais rien n'égale la dureté des lois de la conscription qui ont pesé pendant si long-temps sur la France, et qui rendaient les père et mère d'un conscrit réfractaire susceptibles de peines sévères lorsqu'ils lui donnaient l'hospitalité. Combien n'est-il pas à regretter que les tribunaux et les cours, loin de chercher à pallier ce que ces lois avaient de révoltant pour l'humanité, n'aient fait au contraire que les appliquer avec une excessive rigueur et les aient souvent interprété dans un sens aussi immoral que barbare.

(Note de l'Editeur.)

jusqu'à présent, j'incline à penser que la division mentionnée suffira. Cette division ne peut être d'aucune utilité pour la définition des délits; et conséquemment, il n'en sera point fait usage dans cette partie de l'ouvrage; elle est adoptée à cause de la nécessité d'une pareille distinction, pour se faire entendre, et de son utilité pour les renvois et les citations. Les contraventions aux lois pénales, comprenant et les délits et les crimes, sont d'abord classées, suivant leur objet et leur effet, en *publiques* et en *particulières* ou *privées*.

La loi qui établit cette distinction, est en quelque sorte, nécessairement arbitraire; car il n'est presque pas de *délit public* qui ne fasse tort à quelqu'individu; et la plupart des outrages faits aux personnes, affectent en quelque manière la paix publique. Mais l'ordre de l'ouvrage exige cette division, et on l'a établie comme il suit, en portant la plus scrupuleuse attention à la nature des divers délits.

I. Sous le titre de délits publics, sont classés ceux qui attaquent la souveraineté de l'Etat, les pouvoirs législatif, exécutif et judiciaire, la tranquillité publique, le revenu de l'Etat, le droit de suffrage, la liberté de la presse, les registres publics, le coin monétaire courant; le commerce et les manufactures, la salubrité publique, la propriété publique, les routes, ponts, levées, eaux navigables et autres propriétés, tenues par le pouvoir souverain, à l'usage de tous, le libre exercice des cultes, la morale publique.

II. Les délits privés sont ceux qui portent préjudice aux individus, en attaquant leur réputation, leur personne, leurs privilèges politiques, leurs droits civils, leur propriété, état, profession, commerce, leur industrie ou moyens d'acquérir ou de conserver.

On espère classer, sous l'un ou l'autre de ces titres, toutes les actions ou omissions qu'il importe de déclarer *délits*, excepté cependant celles qui affectent les sociétés ou corporations; et si dans la définition qui sera donnée des délits, on ne trouve pas à ranger ces derniers sous quelqu'un des titres existans, ils seront classés dans une division particulière qui sera créée pour les délits mixtes. Il est évident que la classification ne peut être complétée qu'après que tous les délits auront été énumérés et définis; aussi cet aperçu n'est-il présenté que comme une ébauche de la méthode qu'on se propose de suivre, et non comme un plan définitivement tracé et arrêté.

L'hypocondrie, les malheurs et le désespoir portent quelquefois des infortunés à un acte que la plupart des Codes criminels considèrent comme un délit de la plus odieuse nature, et qui affectant principalement le délinquant lui-même, aurait exigé une division spéciale, s'il eût été compris dans le Code. Il ne l'est point, parce que son admission eût été en contradiction avec quelques-uns des principes fondamentaux, sur lesquels repose l'ouvrage.

Le suicide ne peut jamais être puni, que la peine, quelle qu'elle soit, confiscation ou déshonneur, ne

retombé sur l'innocent exclusivement. Les Anglais
mutilent le cadavre; la masse inanimée est insensible
à cette ignominie : l'innocent seul, qui survit, a le
cœur déchiré par cette gratuite et sauvage barbarie;
lui seul est le patient dans cette indigne exécution.
Un père en se détruisant, enlève à ses enfans l'appui
de leur faiblesse, le soutien de leur existence; et la
loi vient achever l'œuvre de leur ruine, augmente et
nourrit les plaies de leur âme, en les couvrant d'ignominie, et en les privant de tous moyens de subsistance.

La vengeance est étrangère à la loi, avons-nous
dit; la loi ne doit donc pas, comme le vautour,
s'acharner sur des restes inanimés, et déchirer les
cadavres des morts, pour se venger des crimes des
vivans,

Nous avons avancé que l'innocent ne doit jamais
être enveloppé dans la punition des coupables : comment alors pouvons-nous, avec justice, faire peser
sur lui seul tout le poids de la punition.

Nous établissons comme maxime, que l'unique but
des châtimens est de prévenir les crimes. Ici le seul
moyen d'atteindre ce but, est l'exemple; mais quelle
punition pouvez-vous infliger à celui dont le crime
consiste dans l'infliction volontaire, à lui-même, de
la plus terrible des punitions que prononce la loi.

A moins donc que vous ne le maîtrisiez par le frein
de ses affections naturelles; que vous ne le reteniez
par la crainte de la ruine et du déshonneur, dont vous

menacez sa famille, votre loi sera vaine; mais l'hu‑
manité réprouve une semblable disposition. Le légis‑
lateur qui profère de pareilles menaces, est coupable
de la tyrannie la plus rafinée : celui qui les effectue,
est un monstre. Ainsi donc, si ce n'est qu'une menace,
elle sera vaine, si c'est une exécution, c'est alors un
acte de rage insensée, qui frappe l'innocent, parce
qu'elle ne peut atteindre le coupable.

Il est encore une autre espèce de délit que j'ai omis,
quoiqu'il figure dans tous les Codes, depuis le mosaïque
jusqu'au plus moderne, et que la peine capitale lui
soit généralement attachée. Je n'ai pas cru devoir
souiller les pages du Code que je prépare par la men‑
tion d'un délit de ce genre; et voici, entre autres, les
raisons qui m'y ont déterminé :

1° C'est qu'encore qu'il paraisse certain que ce
crime ait existé parmi quelques-unes des plus an‑
ciennes nations, et qu'on assure qu'il existe encore
parmi quelques-unes des modernes, il est facile d'en
assigner la cause, et de découvrir sa source dans les
institutions et les coutumes des peuples chez lesquels
on le retrouve; cause qui n'existe point ici, où la répu‑
gnance, le dégoût, l'horreur même qu'en inspire la
seule idée, sont une garantie suffisante qu'il n'y sera
jamais commun.

2° C'est que, chaque délit devant être défini, les
détails d'une telle définition feraient, aux mœurs pu‑
bliques, une plaie difficile à cicatriser. L'étude de
votre Code ne sera plus bornée à une classe choisie

et peu nombreuse. L'intention de ses auteurs n'est pas de l'exposer aux regards d'un seul sexe. Il est surtout à desirer qu'il fasse partie de l'éducation de la jeunesse, et qu'il devienne une des branches de l'enseignement primaire. L'atteinte qu'un pareil chapitre porterait à la pudicité des élèves; les sales images avec lesquelles il familiariserait ces imaginations vierges, produiraient les plus funestes effets, les conséquences les plus désastreuses; et quand il n'y aurait nul autre motif, celui-là seul suffirait pour nous arrêter, et nous faire réfléchir, avant de mettre sous leurs yeux de semblables tableaux.

3° C'est un délit nécessairement difficile à prouver, et qui ne peut être établi que par les témoignages d'êtres assez vils, assez corrompus pour y avoir participé. Par là, des hommes assez déhontés, assez dépravés pour cette ignominie, en font un moyen d'extorsion, contre l'innocent qu'ils menacent de dénoncer pour cette indignité; et il n'arrive que trop souvent qu'ils réussissent, parce que, dans des actions de ce genre, l'infamie de l'accusateur n'est pas, comme on sait, un moyen de défense.

4° La dernière raison que j'énoncerai de cette omission, est que toutes nos procédures criminelles devant être publiques, un seul cas de cette nature causerait à la morale publique un préjudice bien plus grand, que celui qui pourrait résulter de la commission secrète, et conséquemment incertaine de ce délit. Je confesse que je n'ai pas été peu influencé par la considération qu'il était probable que, dans une espèce où la défense est si difficile, l'innocent serait victime, ou de la conspiration maligne de témoins parjures, ou de la facile croyance donnée à des apparences circonstancielles, dans un cas, où la preuve directe est presqu'impossible, et où la seule accusation entache.

En désignant les actes qui doivent être déclarés *délits*, je ne pouvais pas borner ce dénombrement aux seuls délits régnant dans ce pays; cette méthode aurait trop souvent nécessité le recours à la tâche des amendemens. Je ne pouvais pas non plus adopter cette interminable liste de délits inscrits dans les divers Codes des autres nations. J'ai pris un terme moyen, en ne classant, au nombre des délits punissables par la loi, que les actes dont l'état présent et probablement futur de la société, dans notre contrée, peut exiger la répression.

Les lois pénales de la plupart des peuples consacrent un ample chapitre aux délits contre la religion, parce que ces peuples ont établi une religion dominante, dont la suprématie spirituelle a besoin d'être soutenue par l'appui des lois temporelles; mais ici, où il n'existe, à cet égard, aucune prééminence que celle qui peut dériver de la persuasion ou de la conviction de la vérité ici, où toutes les formes de culte, tous les dogmes de foi, sont égaux aux yeux de la loi qui laisse à l'éternelle sagesse à décider elle-même de la préférence qu'elle accorde; ici, dis-je,

le devoir du législateur est simple et facile à remplir.
Il consiste à établir quelques dispositions pour maintenir scrupuleusement cette égalité et pour punir
toute perturbation de l'exercice d'un culte dont les
rites et cérémonies ne portent aucune atteinte à la
tranquillité publique; c'est aussi tout ce qu'on trouvera dans ce Code *.

Ayant ainsi rendu compte de ce que j'ai cru devoir
omettre, il convient, je pense, de noter l'introduction
d'une nouvelle classe de délits publics, que j'ai cru
nécessaire d'insérer dans ce Code, sous le titre de *délits
contre la liberté de la presse.* Ceci est une nouveauté
dans la législation même des gouvernemens où la
liberté de la presse est le mieux établie et appréciée.
On a généralement imaginé donner une garantie suffisante à ce droit, en déclarant que nulle punition ne
serait infligée à ceux qui exerceraient légalement le
droit de publier leurs pensées : mais, jusqu'ici, aucune peine n'a été établie contre ceux qui restrein-
draient ou entraveraient cette liberté. Ce privilège est
universellement consacré par les dispositions constitutionnelles de toutes nos républiques; mais la loi n'est

---

* On sait que les Etats-Unis ne reconnaissent pas de *religion privilégiée* et qu'ils admettent le libre exercice de tous les
cultes. Ils ont adopté cette pensée de Voltaire : « S'il n'y avait
qu'une religion, le despotisme serait à craindre; s'il y en avait
deux elles se couperaient la gorge; mais, il y en a trente, et
elles vivent en paix et heureuses. »

(*Note de l'Editeur.*)

appuyée d'aucune sanction pénale. Cependant n'est-
elle pas indispensable d'après les principes les plus
sains? Si la liberté de publier est un droit, suffit-il de
statuer que l'exercice de ce droit n'encourra aucune
punition? J'ai le droit de posséder ma propriété, la
loi se borne-t-elle à déclarer que je ne serai pas punissable d'en user? Elle fait plus, elle élève autour de
ce droit, un rempart menaçant contre ceux qui ten-
teraient de me priver de la jouissance de ma propriété.

Pourquoi donc cette différence dans la protection
accordée par la loi, à ces diverses espèces de droits ?
Ce n'est certainement pas que celui en question soit
regardé comme moins important que l'autre : toutes
les déclarations de droits, depuis l'invention de la
presse, attestent le prix qu'on attache à sa liberté.
Dans les Etats gouvernés par la loi commune, cette
anomalie peut être expliquée, en réfléchissant que
toute infraction d'un privilège constitutionnel est considérée comme un délit *(misdemeanor)* et puni comme
tel, encore que la loi ne prononce aucune peine contre
ces infractions. Mais ici, où il n'y a de délits que ceux
qui sont clairement et spécialement déclarés tels, par
la lettre de la loi; ici, d'où nous avons banni tous délits interprétatifs *(constructive offences)* ici, dis-je,
l'insertion de cette classe est indispensable au complément de notre Code.

Toute violence ou menace de violence, tout exercice d'autorité ou d'influence officielle, tendant à res-

treindre ce privilège précieux, est déclaré délit. Le
projet qui vous sera soumis, va même plus loin; et
considérant les dispositions constitutionnelles comme
supérieures à tous actes de législation ordinaire, et
conséquemment comme nuls, ceux de ces actes qui
dérogent à ces dispositions; il déclare coupable de
délit tous ceux qui exécuteraient quelque loi restrei-
gnant ou entravant la liberté de la presse, en violation du privilège garanti par la constitution. Cette
mesure peut paraître illusoire, parce que, dira-t-on,
la même autorité qui établit le Code, a le pouvoir de
le détruire; et que la législature qui pourrait s'oublier
au point de violer la constitution, abrogerait la loi
qui déclare ce délit punissable. A cela, je répondrai
que cette conséquence n'est ni juste ni vraie. Il est
rare qu'on attaque ouvertement les droits constitutionnels; le rappel de cette partie du Code serait un
aveu de la part de ceux qui le provoqueraient, de
leurs intentions hostiles contre un droit garanti par
la constitution. Quel est dans un gouvernement populaire, le représentant qui oserait faire un pareil
aveu? Quelque desir que puisse nourrir une faction,
de se débarrasser de ce formidable censeur de ses
principes, de ses plans et de ses opérations, elle n'osera
jamais ouvertement confesser ses vues. Cependant, au
moyen de ces dispositions de votre Code, vous pré-
viendrez toutes ces sourdes attaques qui détruisent
généralement les privilèges les plus sacrés; le peuple
sera en garde contre ces menées, et les cours seront

4

armées d'une autorité légale pour les déjouer et les punir *.

Je desire qu'on se pénètre bien que ces divisions et

* Lorsque nous réfléchissons sur l'importance du droit de publier ses pensées et ses opinions, dans un état libre, nous ne sommes pas étonnés du nouveau délit que M. Livingston propose de faire entrer dans le Code pénal de la Louisiane. Il ne suffit pas en effet que la loi prenne des précautions pour arrêter les abus de la presse, il faut en outre qu'elle empéche des agens subalternes ou autres de nuire au droit de publication. C'est après cette publication seulement que le pouvoir exécutif doit avoir la faculté de poursuivre légalement les ouvrages réputés dangereux pour les mœurs, pour la sûreté des personnes et celle de l'Etat, autrement il y a désordre et violation des droits. En effet, pourrait-on regarder comme jouissant suffisamment de la liberté de la presse, un état dans lequel l'industrie qui consiste à propager les écrits par la voie de l'imprimerie, serait tellement gênée qu'il y aurait limitation dans le nombre de ceux qui pourraient l'exercer et nécessité pour eux de tenir de l'administration des brevets qu'elle s'arrogerait le droit de refuser ou de retirer à son gré, sous le prétexte de contravention ou autre. Dans un semblable état, l'administration ne peut-elle pas effrayer les imprimeurs au point de les empécher de publier des écrits qu'elle aurait intérêt à ne pas laisser propager? Mais si l'auteur a la possibilité de poursuivre devant les tribunaux les agens qui portent atteinte à ses droits, il est évident qu'ils se montreront plus circonspects et qu'ils attendront que le livre soit publié pour le poursuivre en justice. Lorsqu'il y a liberté de la presse, c'est à ses risques et périls qu'un auteur prend la plume et publie ses pensées, mais rien au monde ne saurait l'inquiéter avant la publication.   (*Note de l'Editeur.*)

classifications de délits ne sont établies que pour donner à l'ouvrage une méthode qui aide la mémoire,
facilite les renvois, mette le lecteur à portée de saisir
l'ensemble du plan, et les législateurs à même de travailler plus efficacement aux amendemens et améliorations futures ; mais qu'elles ne doivent avoir aucune influence, aucun effet interprétatif. Le caractère
de chaque délit doit être apprécié d'après la définition, et non d'après la division ou la classe dans là-
quelle il se trouve placé. La nature mixte de certains
délits, et l'impossibilité de tracer une ligne de démarcation, même entre les deux grandes divisions, rendent indispensable cette recommandation.

A la suite des parties impératives et prohibitives
de la loi pénale, se présente naturellement la partie
exécutive, ou les moyens d'assurer l'obéissance à ses
dispositions.

Les premiers de ces moyens sont les mesures pré-
liminaires pour prévenir la commission des délits appréhendés, ou pour arrêter l'accomplissement de ceux
déjà commencés. Ces mesures font partie du quatrième livre, et ne diffèrent pas, essentiellement, de
celles adoptées par les lois anglaises.

Le second moyen exécutif, celui auquel convient
plus proprement ce titre, est la punition établie
contre les infractions à la loi.

C'est, en considérant cette importante branche du
sujet qu'il convient principalement de se référer aux

4.

principes, s'ils sont justes, établis dans le chapitre préliminaire.

« La loi ne punit point pour se venger, mais pour prévenir les crimes; elle atteint ce but, dabord en détournant les autres par l'exemple des peines qu'elle inflige au coupable, et en ôtant au coupable lui-même, par la restriction, le pouvoir, et par la réforme, le desir de récidiver dans le crime ». Rappelons - nous « qu'aucune punition plus forte qu'il n'est nécessaire « pour prévenir le délit, ne doit être infligée », et que celles qui produisent cet effet, en joignant la réforme à l'exemple, doivent être préférées.

Il serait aussi fastidieux qu'inutile de passer en revue tous les genres de punitions qui, même dans nos temps modernes, ont été sanctionnées par l'usage; et dont la plupart semblent inventées, plutôt pour assouvir la vengeance, que pour diminuer le nombre des délits. Les lumières de la philosophie portées dans la Législation par Montesquieu, Beccaria, Eden et autres (noms chers à l'humanité!) ont banni des Codes européens, quelques-unes des punitions les plus atroces.

Mais il est arrivé, dans cette branche de la Jurisprudence, comme dans toutes les autres sciences que, même long-temps après que les grands principes ont été reconnus, on est resté divisé sur la manière de les appliquer aux cas particuliers. Ainsi, quoiqu'on ait cessé de considérer la dislocation des membres, comme le moyen le plus infaillible de reconnaître l'innocence, ou de découvrir le crime ; encore qu'on ne livre plus aux flammes d'un bûcher les ennemis de Dieu ; qu'on n'arrache plus avec des tenailles ardentes, la chair des coupables de lèze-majesté ; qu'on ne brise même plus leurs os sur la roue : il existe, néanmoins, un grand nombre de supplices qui trouvent encore des apologistes ; et qui cependant moins cruels, peut-être, ne sont pas moins contraires aux vrais principes de la législation pénale.

Les punitions peuvent être réduites aux suivantes que nous allons examiner :

Bannissement, déportation, simple emprisonnement, emprisonnement aux fers, exposition à la dérision publique, travaux publics, flétrissure indélébile, flagellation ou autres inflictions corporelles, mort.

Le bannissement, fût-il un remède efficace, ne s'accorde guère, je pense, avec la justice et les procédés que les nations se doivent réciproquement. Le coupable chassé d'un pays, doit nécessairement se réfugier dans un autre, et partout où il va, il porte avec lui ses dispositions à enfreindre les lois et à corrompre la morale publique. Le même crime qui l'a fait juger indigne de résider dans sa patrie, le rend nuisible ou dangereux à la contrée qu'il choisit pour asile. Chaque nation aurait ainsi droit de se plaindre d'une loi qui fait, de leur territoire, le repaire des bandits et autres scélérats de leurs voisins ; chacune aurait au moins celui de leur refuser l'entrée ; si toutes prenaient ce parti, la peine ne pourrait plus être infligée, ou serait commuée en celle qui est applicable aux bannis qui rompent leur ban. Or, s'il n'existait point de loi infligeant ce genre de punition, ni conséquemment de peine prononcée contre les violations de ban, l'avantage serait réciproque, et chaque nation serait obligée de recevoir de ses voisins un nombre de malfaiteurs étrangers, égal à celui des criminels qu'elle leur enverrait de son côté. Les Romains maîtres du monde civilisé, pouvaient user efficacement de ce genre de punition. De nos jours, cette peine n'est infligée, et encore rarement, que pour des crimes d'état. Ce mode de châtiment est, en outre dangereux, car un factieux trouve souvent au-dehors, des moyens de nuire plus efficaces et plus redoutables que ceux que lui eût fournis sa patrie. C'est d'ailleurs un remède dont quelques-uns ne s'épouvantent guère, et le patriote pour qui ce serait une punition, s'y soustrait facilement, par une rentrée furtive.

La déportation ou plutôt relégation, est plus efficace, parce que le retour est plus difficile que dans le cas de simple bannissement. Elle a quelquefois des résultats favorables, et opère une réforme; si elle est strictement maintenue, elle prévient efficacement la récidive, à l'égard du moins de la société contre laquelle le premier délit avait été commis. Mais son effet exemplaire est à peu près nul, vu que le coupable la regarde à peine comme une punition, et que l'absence et la distance font oublier aux autres et le crime et le criminel, aussi complètement que si la mort eût tout effacé : ses effets, en Angleterre, où elle a été mise long-temps en pratique, sous diverses formes, ne sont pas propres à nous porter à l'adopter ici .

La législature de Pensylvanie a accueilli très favorablement un plan présenté par le docteur Mease, en faveur de ce mode de punition. Il m'a honoré d'une copie de son ouvrage, qui est à la disposition de l'assemblée générale; c'est la production d'un homme de mérite; mais dans les circonstances où se trouve notre état, je n'oserais le proposer comme un moyen, ni convenable, ni praticable de disposer de nos criminels. Le simple emprisonnement a des inconvéniens manifestes. Comme correction, c'est peut-être, le pire moyen qu'on puisse choisir; si l'emprisonnement est solitaire, la peine est trop sévère pour la plupart des délits; s'il ne l'est pas, c'est une école de vices et de toute sorte de corruption. Le manque d'occupation, même dans l'état de liberté, conduit naturellement à des liaisons dangereuses : et c'est dans ce sens que se vérifie journellement le vieil adage : « *Que l'oisiveté est la mère*

---

* Un témoin respectable, examiné devant la Chambre des communes, dit : « Quant à la déportation, je pense qu'elle ne devrait être appliquée qu'à des criminels incorrigibles, et alors elle doit être pour la vie. Si elle n'est que pour quelques années, l'attrait actuel de la nouveauté, et l'espérance en perspective de revoir des amis, de rejoindre des associés, consolent si bien les condamnés, qu'ils ne considèrent point la déportation comme une peine; et que plusieurs, au prononcé de la sentence, répliquent : « *Monseigneur, je vous remercie.* »

de tous les vices ;» mais si, à cet effet naturel du dé-
sœuvrement, nous ajoutons l'exemple et la société
d'êtres vils et dépravés, il est facile de calculer la rapidité de la pente qui entraîne de l'innocence au vice,
et du vice au crime. Les méchans ainsi réunis en pha-
lange, étudient et apprécient respectivement leurs
talens et leurs moyens de nuire. Ils s'organisent en
corps ; et fiers du sentiment de leur force, ils commen-
cent leurs hostilités contre l'ordre social, se présentent, comme en ordre de bataille, et bravent ouvertement les lois.

L'emprisonnement aux fers, a tous les inconvéniens du simple emprisonnement, et y joint l'inégalité,
et le danger de l'arbitraire. Si le poids de la chaîne
est déterminé par la loi, le faible succombera sous le
fardeau que le fort portera sans peine ; si ce point est
laissé à la discrétion du geolier ; ce serait une source
intarissable d'extorsion et de tyrannies subalternes.

La confiscation a peu d'apologistes, mais n'en devrait avoir aucun. Elle a tous les défauts qui peuvent
rendre inconvenable un mode de punition, excepté
qu'elle admet la rémission ; elle est inégale puisque,
pour la même offense, elle ravit les plus grandes comme
les moindres fortunes ; elle est cruelle puisqu'elle punit plusieurs pour la faute d'un seul ; elle est injuste,
puisqu'elle frappe les innocens comme le coupable ;
elle est sujette au plus dangereux des abus, puisqu'elle
donne au gouvernement un intérêt dans la multipli-
cation des condamnations : et c'est peut-être le vrai

motif qui lui conserve sa place dans la jurisprudence
pénale de l'Europe.

Les quatre titres suivans peuvent être classés ensemble: le pilori ou carcan, et autres inventions pour
l'exposition publique; les travaux publics ou de chaîne;
la flétrissure indélébile (toujours accompagnée de
peine corporelle) ainsi que la flagellation , ont tous
le vice radical d'exclure le repentir ou la réforme;
d'être inégaux, arbitraires; de n'être, à l'exception des
travaux publics, que momentanés dans leur application; et de placer le patient, après l'exécution, dans
la triste alternative ou de mourir de faim, ou de
récidiver immédiatement. En conséquence il recom-
mence avec plus de dextérité, la même carrière, s'as-
socie de dignes compagnons, et met les propriétés au
pillage. Il en séduit d'autres , par l'exemple de son
impunité, dans beaucoup de cas où il échappe aux
recherches ; grossit la liste des condamnés, dans ceux
où son adresse est déjouée; et finit, enfin, par devenir un sujet propre à l'application du grand remède :
la mort.

J'aborde l'examen de la nature et des effets de ce
dernier mode de punition, avec ce sentiment de re-
cueillement et de terreur qu'éprouve nécessairement,
l'homme prêt à former une opinion qui va décider,
peut-être, de la vie de ses concitoyens; et empreindre,
d'un caractère durable, le code pénal de sa patrie. J'ai
tâché d'affranchir mon esprit de tous les préjugés
dont l'éducation et l'habitude de penser pouvaient

l'avoir entravé ; et de le mettre dans la situation la
plus convenable pour examiner , avec impartialité, les
argumens pour et contre cette grande question. Dans
cet objet, non-seulement j'ai consulté les auteurs qui
ont écrit sur cette matière ; ceux du moins qui se
trouvaient à ma portée, mais j'ai tâché, en outre, de
me procurer des renseignemens sur les effets de cette
punition pour divers crimes dans les pays où elle est
infligée. Néanmoins , les circonstances ont réduit à
bien peu de chose, les lumières que j'ai pu puiser dans
ces deux sources. Les bibliothèques et librairies de cette
ville sont, à-peu-près, dépourvues de livres de jurisprudence criminelle; de ceux même qui sont les plus
communément cités, et cette privation m'a fait plus
vivement sentir le désappointement que j'ai éprouvé
relativement aux informations que j'attendais des autres
états. C'est avec ces faibles moyens, dont j'ai tâché,
selon mes facultés, de tirer le meilleur parti possible,
c'est après de longues méditations et seulement après
avoir scrupuleusement analysé et débattu en moi-
même les divers argumens que le bon usage de ma
raison a pu suggérer à mon esprit, que je suis arrivé
à la conclusion « Que la peine de mort devait être
exclue du code que vous m'avez chargé de présenter. » En proposant ce résultat, j'éprouve une certaine défiance qui naît , non de quelque doute sur
sa justice, je n'en ai aucun ; mais de la crainte d'être
estimé présomptueux, en franchissant ainsi le point
de réforme pénale, auquel la sagesse des autres états ,

a jusqu'à présent jugé convenable de s'arrêter ; et
de la répugnance que je sens à opposer mon opinion à celles (qui ont plus que la mienne droit
à la déférence publique) qui soutiennent encore
l'utilité de cette punition, dans certains cas. Sur une
question de pure spéculation, je céderais à cette autorité ; mais dans l'espèce présente, je justifierais mal
la confiance dont vous m'avez honoré, si je venais vous
présenter les opinions des autres, quelque respectables
qu'ils soient, au lieu de celles que les plus saines
lumières de mon jugement me certifient être justes
et vraies. L'exemple des autres états mérite certainement un grand respect, d'autant plus grand, que
tous sans exception admettent cette punition. Mais
cet exemple perdra quelque chose de sa force, si nous
réfléchissons à la lenteur des progrès en amélioration,
et si nous considérons l'opiniâtre résistance des principes de la *loi commune* qui ont principalement re-
tardé notre marche en jurisprudence *.

---

* On ne saurait trop reconnaître avec quelle impartialité et
quelle bonne-foi M. Livingston a traité la grande question de
la peine de mort, qui a partagé les hommes les plus éclairés
qui se sont occupés de législation criminelle. Sans prétendre
donner un avis dans une question d'une aussi haute importance,
je dirai que l'on a peut-être tort de la considérer abstraitement.
En effet, lorsqu'il s'agit de savoir si la société a le droit d'ôter
la vie à l'un de ses membres, je pense qu'il ne faut pas considérer la société dans son sens abstrait et général. Je deman-
derais plutôt si les sociétés ont le droit de donner la mort aux
grands criminels, appliquant cette dénomination de société à

En Angleterre, le Parlement a discuté, durant près d'un siècle, avant de parvenir à obtenir l'abolition de la peine de mort, pour deux ou trois cas, dans lesquels tout le monde s'accordait à trouver cette punition également absurde et cruelle. Elle a été maintenue, pour plus d'une centaine de cas du même genre : et, quand on réfléchit sur ces faits; quand on considère l'influence que les opinions régnantes en Angle-

chaque peuple en particulier; et voilà comment j'explique ma pensée : si vivre en société est une destination inévitable pour l'homme, il faut bien dire qu'il est dans le droit de cette société de faire tout ce qui tend à sa conservation, autrement elle finirait bientôt par se dissoudre. J'induis delà qu'il existe des modifications à l'infini dans les *droits* de chaque société, selon la manière dont elle est constituée et un très grand nombre d'autres circonstances que je ne puis rapporter ici. Ainsi, par exemple, je pense que la peine de mort pourrait être injuste à la Louisiane et se trouve dans les droits d'une autre société, telle que la France ou l'Angleterre. En effet, la Louisiane a une population qui n'excède pas cent mille habitans, ce fait seul ne suffit-il pas pour établir une différence marquée. Une peine peut être indispensable dans un état de trente millions d'hommes, et par conséquent devenir un droit pour le gouvernement de cet état, tandis que pouvant être heureusement remplacée dans une petite république de cent mille âmes, elle y excéderait incontestablement les pouvoirs de la société. Nous trouverions à puiser d'autres considérations encore, dans la différence des constitutions politiques, et surtout dans celle des mœurs. La question ainsi envisagée me paraît digne de la méditation des criminalistes et je l'abandonne à leur sagacité.

(*Note de l'Editeur.*)

terre ont toujours exercé, tant sur la littérature que
sur la jurisprudence de notre patrie, il est facile de
concevoir comment les autres états ont pu s'arrêter,
dans la réforme de leurs lois pénales, et d'expliquer
ce fait sans recourir à la supposition qu'ils ont atteint
sur ce point de perfection qu'il serait présomptueux
et imprudent de dépasser.

Quant à l'autorité des grands noms, elle a beaucoup
diminué, depuis que les peuples ont commencé à penser par eux-mêmes et pour eux-mêmes; et que la législation a cessé d'être considérée comme un métier qui
ne peut être exercé avec succès, que par ceux qui
ont été élevés dans les mystères de la profession.

Chez nous, la marche simple et expérimentale de
cette science s'appuie sur des réalités pratiques, plus
que sur des abstractions théoriques; sur des idées d'u-
tilité générale, appropriées à l'état présent de la société
et non sur les opinions spéculatives des auteurs, en
cette matière. Si la question devait être décidée par
l'autorité des noms, celui de Beccaria, fût-il seul, assu-
rerait la victoire. Mais la raison, et non les préjugés
ni l'autorité, doit justifier la proposition que je
présente à l'assemblée générale, de ce changement
important, et la raison seule peut l'engager à l'adopter. Je poursuis donc le développement des considérations qui ont porté la conviction dans mon âme;
mais qui, exposées aujourd'hui, avec moins de force
qu'elles ne furent alors senties, ne produiront pas,
peut-être, sur les autres la même impression, ni le

même effet. Cet exposé sera considérablement abrégé par l'opinion, je puis dire universellement admise dans les Etats-Unis, que ce mode de punition devrait être aboli pour tous les cas, hors ceux de trahison, de meurtre et de viol. * Dans quelques états on l'appli-

---

* Malgré toute l'horreur que ce dernier crime doit inspirer, je suis étonné que M. Livingston [l'assimile à la trahison et au meurtre et qu'il ne combatte pas cette partie de la législation des Etats-Unis. Sans doute elle a pris son origine dans les lois saxonnes, qui, à l'exemple de la législation romaine, punissaient de mort celui qui s'était livré à cette action infâme. La même peine subsista en Angleterre jusqu'au temps de Guillaume-le-Conquérant, où elle fut remplacée par la castration et la perte des yeux, ce qui continua jusqu'au règne d'Henri III. Sous la troisième année du règne d'Edouard Iᵉʳ, on passa de cet excès de rigueur à un tel excès d'indulgence, que cette offense commise envers une jeune fille âgée de douze ans ne fut plus réprimée que par un emprisonnement de deux ans et une amende à la volonté du Roi. Dix ans après, on fut obligé, sous le même règne, par la multiplicité des crimes de cette nature de revenir à un système plus sévère et de le déclarer félonie, peine qui fut privée du bénéfice clérical sous le règne d'Elisabeth. Notre Code pénal me paraît avoir proportionné équitablement la punition au crime lorsqu'il le réprime par la réclusion, si la personne à la pudeur de laquelle on a attenté, avait plus de quinze ans, et par les travaux forcés à temps, si elle était au-dessous de cet âge. Mais si le coupable est de la classe de ceux qui ont autorité sur la personne envers laquelle l'attentat a été commis, ou s'il est instituteur, ou serviteur à gages, ou fonctionnaire public, ou ministre d'un culte, alors la peine des travaux forcés à perpétuité doit être appliquée.

(*Note de l'Editeur.*)

que aux incendiaires ; et récemment, depuis qu'un si grand nombre de nos concitoyens influens, se sont fait banquiers ou changeurs on a découvert une forte propension à l'étendre à des contrefactions et émissions de faux billets.

Il a donc été reconnu que cette punition était sans efficacité dans les cas ordinaires ; a-t-on quelque raison valable pour croire qu'elle en ait davantage dans les plus graves.

Ne perdons pas de vue, en raisonnant sur cette question, le grand principe « *que le but de la punition est de prévenir le crime.* » Il est certain que la mort remplit parfaitement cet objet par rapport au coupable : mais le grand point est l'exemple à donner aux autres ; et si ce spectacle horrible n'est pas capable de détourner les hommes de la commission de légers délits, quelles raisons a-t-on de penser qu'il ait plus d'efficacité pour prévenir des actes plus atroces ? Peut-on croire que la crainte d'une mort incertaine arrêtera le traître dont l'imagination s'enivre déjà du triomphe qu'il se promet, en détruisant la constitution et la liberté de sa patrie ? Au sein des illusions brillantes d'une ambition effrénée ; au milieu des rêves enchanteurs d'un succès anticipé ; au moment où défiant les hommes et les dieux, il est prêt à confier sa destinée à la chance des combats ; l'idée de cette possibilité lointaine viendra-t-elle, comme un talisman, glacer son audace, et plier son orgueil sous le joug des lois ? le fera-t-elle rétrograder dans une carrière au bout de laquelle il voit déjà sa coupable ambition transformée, par le triomphe, en vertu héroïque? Cette image fugitive arrêtera-t-elle le bras du méchant qui, d'un seul coup, peut assouvir la passion dominante de son cœur, dans le sang de son mortel ennemi? calmera-t-elle la rage avide du lâche et secret assassin qui projette d'écarter le seul obstacle qui le sépare de la fortune et des homneurs attachés à la possession d'un riche, mais tardif héritage? Ce souvenir que chaque instant affaiblit, maîtrisera-t-il l'effort des mouvemens les plus impétueux, lui qu'on avoue trop faible pour détourner des moindres inclinations criminelles? Si c'est là l'état réel de la question, il faut confesser qu'elle présente un paradoxe qui se renforce au lieu de se résoudre; quand on réfléchit que les grands crimes sont généralement commis par des hommes qu'une longue habitude de perversité a familiarisés avec l'idée de la mort; ou que des passions effrénées et un courage naturel rendent, en quelque sorte, indifférens à cette issue; et que le lâche empoisonneur, le perfide assassin, croient toujours avoir pris des précautions sûres contre le risque d'être découverts. Il est rare que l'exécution des grands crimes soit prévenue par la crainte de la mort; elle est de sa nature un remède inconvenable à ces genres de délits. Le conseiller ordinaire des trahisons, l'ambition, plane au-dessus de ses terreurs; l'avarice, qui instigue au meurtre secret, rampe au-dessous, et la fureur brutale qui précipite dans le dernier crime, (cité comme punissable de cette peine par nos lois), est d'une opi-

niâtreté proverbiale, qui ne connaît aucun obstacle à
ses desirs, et ferme les yeux sur les conséquences quelles qu'elles puissent être, de son emportement. Dé-
tournez-vous, par la crainte de la mort, des êtres qui
la bravent pour se satisfaire? vous leur offrez au contraire une chance favorable, celle de n'être pas découverts. Mais présentez à ces hommes des conséquences plus redoutables pour eux, parce qu'elles sont plus
diamétralement opposées aux jouissances qu'ils se promettent du crime. Étudiez les passions qui les entraî-
nent, et agissez contre elles par les mortifications
opposées aux délices qu'ils espéraient se procurer par
le succès. L'homme ambitieux ne peut supporter les
restrictions ordinaires du gouvernement, soumettez-
le à celles des prisons; que celui qui ne pouvait endurer la supériorité du magistrat civil le plus élevé en
dignité, soit forcé de se soumettre à celle du dernier
des porte-clefs. Il a cherché par le crime une prééminence sur ce qu'il y avait de plus respectable dans la
société. Que sa punition soit de vivre sur un pied d'é-
galité avec ce que l'espèce humaine a de plus vil, de
plus dégradé. Si l'avarice a conseillé le meurtre, que
le misérable soit pour toujours séparé de son trésor :
réalisez la fable de l'antiquité; que, du lieu de sa pé-
nitence, il contemple ses héritiers dissipant ses épar-
gnes; le tourment affreux de voir les autres jouir in-
nocemment des fruits de son crime, sera un supplice
aussi cruel en réalité, qu'a pu le figurer la fiction poé-
tique. Le prodigue insatiable dérobe pour alimenter

ses extravagances, et tue pour s'assurer du secret; il expose sa vie afin de pouvoir, ou la passer dans la fainéantise, la débauche, les jouissances sensuelles, ou la perdre dans une angoisse instantanée. Déjouez son calcul immoral; forcez-le de vivre, mais de vivre dans les privations qu'il redoute plus que la mort; qu'il soit astreint à la table frugale, à la couche dure et au travail continuel d'une maison de correction; substituez ces peines, ces privations qu'ils redoutent tous, que tous ont exposé leur vie pour éviter; substituez-les, dis-je, à cette mort qui n'épouvante guère ceux que leurs passions ou leur dépravation ont plongés dans le crime; et vous établissez une convenance, un rapport entre le délit et la punition; au lieu d'un spectacle momentané, vous présentez un exemple permanent, vous donnez une leçon tous les jours répétée, et vous employez, pour punir et prévenir les crimes, la force de ces mêmes passions qui les ont enfantés *.

* Je demanderai si ces contrastes peuvent devenir des punitions susceptibles d'arrêter les criminels au moment de commettre leurs attentats? L'expérience seule en fournira la preuve, mais il me semble que le but du législateur ne sera pas atteint par ces moyens de répression. On pourrait diviser les criminels en deux classes; les uns se livrent à une action répréhensible, par une circonstance souvent fortuite, qui a suffi pour leur faire abandonner le sentier de l'honneur; les autres au contraire se sont fait une habitude, un métier de vivre aux dépens de leurs concitoyens. Dans le premier cas, une passion funeste, un malheur imprévu, fait d'un honnête homme un scélérat; dans l'autre, l'oisiveté, la débauche, tous

La réforme est oubliée dans l'adoption de ces punitions, mais faut-il l'exclure totalement? ne peut-il pas
arriver quelquefois que même de grands crimes soient
commis par des personnes dont l'âme n'est pas tellement corrompue qu'il faille renoncer à tout amendement? Leur faute est quelquefois l'effet d'une première
erreur, peut-être d'un enchaînement de circonstances
qui ne doivent jamais plus coïncider, peut-être encore, d'un délire passager (*hallucination*) qui, s'il
ne suffit pas pour excuser, peut en quelque sorte at-
ténuer ou pallier la culpabilité; et cependant l'opération de ces causes, les dégradations à considérer dans
les degrés de culpabilité, tout est mis au pair; tout
s'égalise sous le niveau de la mort. L'homme qui, cé-

les vices réunis ont tellement dépravé les sentimens de ces
êtres coupables , qu'une peine sévère est seule susceptible de
mettre un frein à leurs actions criminelles. Et voilà la différence qui existe entre ces deux catégories d'hommes pervers,
c'est que les premiers ne calculent jamais la rigueur qui doit
accompagner leur châtiment, tandis que les autres ont fait une
étude particulière du Code pénal, et qu'ils savent très bien
éviter telle ou telle circonstance parce qu'elle aggraverait
beaucoup, aux yeux de la loi, l'action à laquelle ils se livrent.
Or, je me demande si les contrastes dont parle M. Livingston
pourraient devenir une punition suffisante dans l'une et l'autre
des classes de coupables que je viens d'indiquer. Encore une
fois, je ne crois pas qu'aucune peine puisse prévenir les crimes
commis par ceux qui appartiennent à la première de ces classes.
Le fanatisme, la jalousie, l'ambition et mille autres passions
auxquelles il faut joindre la misère, font commettre des crimes

5.

dant à l'impulsion irrésistible de la nature, sacrifie le vil séducteur qui a détruit son bonheur domestique; celui qui, calomnié, insulté, déshonoré, ravit au péril de sa propre vie celle de son diffamateur, sont aux yeux de cette loi cruelle, aussi dignes de mort que l'assassin salarié ou le vindicatif empoisonneur. Le jeune homme, dont la faiblesse et l'inexpérience ont été prostituées à l'exécution d'un délit par les artifices, les instructions ou l'influence irrésistible d'un vétéran dans le vice, doit périr sur le même échafaud, avec l'abominable instigateur du crime. On peut me dire que l'autorité qui pardonne est là pour remédier au mal; mais, dans les cas capitaux, le pouvoir de pardonner, s'il est exercé, doit l'être sans délai, sans se donner le temps de juger du caractère du condamné; temps qu'ac-

que rien ne saurait arrêter. Pensez-vous qu'un ambitieux, par exemple, qui voudra s'élever au premier rang de l'état, en foulant aux pieds les lois et en fomentant des révolutions, s'arrêtera dans sa marche coupable, parce qu'il saura que s'il ne réussit pas, sa punition sera de vivre sur un pied d'égalité avec ce que l'espèce humaine a de plus vil et de plus dégradé? Les criminels de la seconde catégorie sont moins susceptibles encore de connaître et d'apprécier les contrastes qui devront avoir lieu entre leurs desirs et la peine qu'ils auront à subir s'ils sont découverts. Sans doute les peines, telles qu'elles existent aujourd'hui chez les peuples civilisés, peuvent avoir de grands inconvéniens, mais comment les remplacer, c'est ce que je ne crois pas qu'on ait encore pu résoudre d'une manière satisfaisante.

(*Note de l'Editeur.*)

corde le système correctionnel. Le pouvoir de pardonner est donc nécessairement sujet à des abus. Il est
encore une autre objection contre l'exercice de ce
pouvoir : c'est qu'il ne laisse aucune alternative entre
la mort et l'exemption absolue de punition. Mais, dans
tous les degrés de crime, quelque punition est nécessaire. Le novice, s'il n'est assujéti à une discipline salutaire, deviendra bientôt maître en perversité; que la
correction soit judicieusement appliquée, et ses progrès dans la réforme, manifesteront s'il mérite d'être
rendu à la société; ou si sa dépravation est assez en-
racinée pour exiger une continuation de réclusion.

Lorsque nous en viendrons à prendre quelque résolution sur cette question solennelle, nous ne devons
pas oublier un autre principe que nous avons fondé
sur les plus saines raisons : « Que toutes choses égales
d'ailleurs, on doit préférer ce mode de punition qui
nous laisse les moyens de corriger, de redresser les
faux jugemens et les erreurs dans lesquelles la passion,
l'indifférence, les faux témoignages, les apparences
trompeuses, peuvent avoir entraîné. » L'erreur causée
par ces circonstances accidentelles est quelquefois inévitable; son opération est instantanée, et ses funestes
effets, dans les condamnations capitales, sont immédiats. Cependant, le temps est nécessaire pour la
reconnaître, pour la relever. Il nous est pénible de
rétrograder; il est mortifiant d'avouer qu'on a été injuste, et avant que la tardive vérité ne soit dévoilée,
qu'elle n'ait triomphé de nos esprits revêches, de notre

vanité récalcitrante; que l'autorité, qui seule peut s'interposer entre le glaive et la victime, n'ait pu arrêter
le bras de l'exécuteur, le coup est porté, l'innocence
est sacrifiée! Que ne donneraient pas alors les jurés
qui ont décidé, les juges qui ont condamné, les témoins
abusés qui ont attesté le fait; que ne donnerait pas la
société qui a vu ses angoisses, ses agonies mortelles,
pour avoir encore en sa puissance le moyen de réparer le mal qu'elle a fait.

Les cas de cette nature ne sont pas rares. Nos archives en fourmillent; plusieurs ont eu lieu de nos
jours. Un exemple très remarquable, donné il y a peu
d'années dans un de nos états du Nord, manifeste,
d'une manière frappante, le danger de ces punitions
qui ne peuvent être rappelées ni réparées, même lorsque l'innocence est physiquement démontrée. Peu
d'exemples de ce genre, même dans le cours d'un siècle, seraient suffisans pour contrebalancer les meilleurs effets de celui qu'offre l'échafaud. Il n'est pas de
spectacle qui se grave aussi profondément dans le cœur
et dans la mémoire, que celui des souffrances d'une
personne innocente, sous les coups d'une injuste sentence; cette image reste présente, et survit à vingt
exemples de punitions méritées. Cette considération,
fût-elle isolée, serait le plus puissant argument pour
l'abolition de la peine capitale; mais il en est d'autres
non moins puissans. Voir un être humain jouissant,
dans leur plénitude, de toute l'énergie de son intelligence, de toute la vigueur de son corps; dont les puis-

ŝances vitales ne sont altérées par aucune atteinte d'infirmité ni d'accident; dont les artères palpitent de jeunesse et de santé; le voir, dis-je dévoué, par le froid calcul de ses semblables, à une destruction certaine, que nul courage ne peut repousser, nulle persuasion détourner; voir un mortel disposer des plus précieux dons que dispense la Divinité; usurper ses attributs, et fixer, par son décret particulier, un terme inévitable à cette existence que la toute-puissance seule peut donner, et que, seule, elle a le droit de détruire. Telles sont les réflexions solennelles que l'étrange spectacle d'un sacrifice humain doit naturellement faire peser sur la pensée, jusqu'à ce que l'habitude ait émoussé ce sentiment, et rendu l'âme insensible à cette impression. Mais, dans un pays où la peine de mort est rarement infligée, la sensation conserve toute son intensité. Le peuple est toujours violemment excité par chaque jugement pour délits capitaux : on le voit négliger ses affaires, se presser en foule dans l'enceinte, et assiéger les avenues de la cour. L'accusé, les témoins, le défenseur, tout ce qui se rattache à la cause devient pour lui un objet d'intérêt de curiosité. Quand l'esprit public est monté à ce point, il prend, selon les circonstances du cas, un ton qui s'accorde rarement avec la calme impartialité que requiert la justice.

Si l'accusé l'intéresse par sa jeunesse, son caractère, ses liaisons, ou même par sa contenance ou sa figure, il est bien difficile que les terribles conséquences de la condamnation n'induisent (et cela, dans les cas de

grands crimes, comme dans ceux de moindres délits)
l'accusateur à se relâcher de sa sévérité, les témoins
à comparaître avec répugnance, les jurés à absoudre
contre l'évidence, et le magistrat, qui a le pouvoir de
pardonner, à l'exercer inconvenablement. Mais si l'esprit public prend une direction opposée, les conséquences deviennent pires, l'indignation contre le crime
se convertit en une fureur altérée de vengeance; et si
le vrai coupable n'est pas trouvé, l'innocent est sacrifié sur la plus légère présomption, parce qu'il faut
une victime à l'exaltation publique. C'est dans de tels
cas que l'innocent agneau est traîné à l'autel, tandis
que le bouc émissaire s'échappe dans le désert. Cette
disposition féroce croît avec la sévérité de la punition
capitale, de manière que, dans les cas de crimes les
plus atroces, comme dans les autres, ce mode de punition opère, quelquefois le salut des coupables,
plus souvent la perte de l'innocent. Quiconque a un
peu suivi, et observé le cours des procédures criminelles, a vu ce que je viens de m'efforcer de décrire:
indulgence déplacée, sévérité injuste, effets opposés,
résultant de la même cause, l'inutile barbarie de la
punition.

Mais lorsque les conséquences de la condamnation,
sont moins funestes, il est rare que la justice soit influencée dans son cours par les passions ou par les
préjugés; les preuves sont produites sans difficulté,
et opèrent leur effet naturel, sur l'esprit des jurés, qui
ne sont pas dominés par la crainte, ou le scrupule, de

prononcer une sentence irrémédiable dans ses effets ;
et le pardon n'est accordé qu'à l'innocence reconnue,
ou à la réforme définitive.

Un autre vice de la peine capitale, c'est que sa fréquente infliction détruit le seul effet utile qu'on lui suppose. Le peuple se familiarise trop avec ce spectacle,
pour le considérer comme un exemple. Ce n'est plus
qu'une exposition publique, où il ne se rend le plus
souvent que pour satisfaire le goût féroce qu'il y a
puisé. Il serait d'une grande utilité en législation, de
pouvoir découvrir la véritable origine de cette atroce
passion de contempler les agonies humaines, de se
repaître de la destruction de ses semblables. Il n'est
point de nation, dont ce goût monstrueux n'ait déshonoré l'histoire. Chez quelques-unes, il créa des institutions permanentes, comme celle des gladiateurs à
Rome ; chez d'autres, il se manifesta comme une épi-
démie morale, exerça ses ravages, avec une violence
proportionnée à la légèreté de la population, et céda
par degrés, à l'influence de la raison et de l'humanité.
Chaque peuple a fourni des exemples de cette frénésie ;
mais le carnage religieux de la Saint-Barthélemy, et les
massacres politiques, sous le règne de la terreur en
France, jettent une affreuse et affligeante clarté sur
l'idée que je desire exprimer. L'histoire de notre propre pays, tout jeune qu'il est, n'est point exempte de
cette tache. Les assassinats légaux des magiciens et des
sorcières de la nouvelle Angleterre ; les meurtres judiciaires d'un nombre considérable de malheureux, du-

rant ce qu'on appelait la conspiration des noirs à New-
York, nous fournissent des leçons domestiques à cet
égard. Quant aux sacrifices humains qui souillent les
premières annales de presque toutes les nations, ils
procédaient d'une autre source, de l'idée d'une expia-
tion par victimes substituées, mais produisaient le
même effet, l'endurcissement du cœur. Les souffrances
humaines ne sont jamais contemplées, pour la première
fois, sans un sentiment de dégoût, d'horreur et d'ef-
froi. La sage nature a, pour ses admirables fins, gra-
vé profondément dans nos âmes, cette répugnance
conservatrice; mais ce sentiment, une fois surmonté,
il arrive dans les affections morales, le même phéno-
mène observé dans les sensations physiques à l'égard
desquelles, on remarque que nos goûts ou besoins
factices les plus impérieux, sont ceux dont l'acquisi-
tion nous a coûté quelques efforts pour vaincre la répugnance des premiers essais, et que l'empire de nos
habitudes est, en raison directe de la difficulté que
nous avons eue à les contracter. Quelle que puisse être
la cause de ce fait positif et frappant dans la physiologie
de l'esprit humain, ses effets doivent être étudiés par
le législateur qui desire fonder un système sage et
permanent. Si le spectacle d'une exécution capitale
inspire le goût barbare d'en contempler un second;
si une curiosité qui d'abord ne se satisfait qu'en fré-
missant, s'accroît par les jouissances, et s'irritant au
lieu de s'assouvir, devient une passion effrénée; nous
devons prendre garde, qu'en établissant l'application

fréquente de la peine de mort, nous ne jetions les
fondemens de la dépravation la plus dangereuse dans
ses conséquences : car, dans un gouvernement comme
le nôtre, l'opinion populaire doit exercer la plus grande
influence dans toutes les branches; et ce goût dépravé
se manifesterait bientôt dans les décisions de nos cours,
et dans les déclarations de nos jurys. Que si, au contraire, l'application de la peine de mort devient, par
sa rareté un cas extraordinaire, elle produit sur le
peuple, un effet très singulier. Le patient, quel que
soit son crime devient un héros ou un saint; il fixe l'attention publique, il excite la curiosité, l'admiration,
la pitié générale; la charité prévient ses besoins, la
religion déploie sa puissance; et au moyen de ses pu-
rifications, ayant lavé de toutes les souillures de l'iniquité, le scélérat assassin, (jugé indigne d'exister sur
la terre) le présente à la vénération publique, comme un
candidat prédestiné aux joies du paradis. Les exhor-
tations et les prières l'élèvent au-dessus des frayeurs de
la mort. Le pécheur converti est l'objet des attentions
les plus recherchées des dévots, des femmes, des
riches et des grands; sa prison devient un lieu de
pélerinage, lui-même un saint martyr; son dernier
regard est examiné avec une sollicitude affectueuse,
ses dernières paroles sont soigneusement recueillies et
retenues, et après qu'il a subi l'ignominieuse sentence
de la loi, le corps du coupable, qui vécut dans le
crime et mourut dans l'infamie, est révérencieusement
et pompeusement accompagné au lieu de sa sépulture

par un convoi qui ne déparerait pas les obsèques d'un
patriote ou d'un héros. Ce tableau, quoique fort en
couleur, est peint d'après nature ; les habitans d'une
de nos plus polies et de nos plus riches capitales en
ont fourni l'original, et quoique des sentimens aussi
exaltés ne soient pas toujours excités, ou soient prudemment réprimés , ils sont dans la nature ; et à
quelque degré qu'ils existent, on ne peut douter
qu'ils ne contrebalancent le bon effet qu'on se propose
de produire par ce mode de punition.

Le héros de cette tragédie ne saurait se considérer, comme remplissant un rôle ignoble et vil, et
le peuple ne saurait voir, dans l'objet de son admiration ou de sa pitié, un assassin, ni un voleur qui
ne lui inspireraient qu'aversion et mépris. Ainsi, le
but de la loi est manqué, la force de l'exemple perdu ;
la place de l'exécution se convertit en une scène de
triomphe pour le patient, dont le crime est oublié ;
tandis que son courage, sa résignation, ou sa piété,
le font regarder comme le martyr, et non comme la
coupable victime de la loi. Quand des lois se trouvent, comme dans ce cas et dans plusieurs autres,
en opposition directe avec les sentimens du peuple
qu'elles gouvernent, elles ne sauraient être ni sages,
ni efficaces, et dès lors elles doivent être abolies.

Quid leges sine moribus vanæ proficiunt? Mais
si, pour être efficaces, les lois doivent être soutenues
par la morale publique, quel effet en pouvons-nous
raisonnablement attendre, quand les idées religieuses

se joignent contre elles à la morale publique? Nous
venons de voir l'effet que produit la peine capitale dans
les lieux où elle est rarement infligée. Voyons quels
en sont les résultats dans les pays où son application
n'est malheureusement que trop fréquente.

Aujourd'hui, en Angleterre, l'éloquence et l'érudition
de la majorité des orateurs et des savans se sont liguées
avec l'humanité de la nation entière, pour tenter,
non d'abolir la peine de mort, (une telle proposition
alarmerait trop un gouvernement où la moindre réforme, dans un département, entraînerait une révolution dans tous) mais de la restreindre aux crimes
les plus atroces. Cet objet a provoqué une enquête
parlementaire, dans le cours de laquelle ont été présentés les rapports dont j'ai précédemment fait mention. Un de ces rapports contient des examens de
témoins devant un comité de la chambre des communes ; et l'un de ces témoins, ancien solliciteur, qui
avait, pendant plus de vingt ans, pratiqué dans les
cours criminelles, me fournit l'extrait suivant:

« Dans ma pratique, j'ai reconnu que la peine de
mort n'effraye nullement les voleurs ordinaires; elle
est plutôt, parmi eux, un sujet de risée et de raillerie,
que de considération sérieuse. L'approche certaine
d'une mort ignominieuse ne paraît faire sur eux aucune impression. Je les ai vus faire des plaisanteries
après le prononcé de la sentence. J'ai même vu la
veille de son exécution, un homme pour lequel je m'é-
tais employé, répliquer d'un air d'indifférence aux

offres de consolation, et aux témoignages d'intérêt
que je lui manifestais : « *N'est pas joueur qui toujours
gagne.* » J'en ai entendu un autre dire, en ricannant,
« *ce n'est qu'un saut, un coup de pied, un tressail-
lement, et tout est fini.* » L'exécution, d'une partie
des coupables, n'affecte en rien les autres condamnés
qui attendent leur tour immédiatement après, ils jouent
à la paume, bouffonnent et raillent comme s'il ne s'a-
gissait de rien. J'ai été témoin de la séparation de
gens partant pour l'échafaud ; je n'y ai jamais observé
la moindre solennité ; ils avaient plutôt l'air de personnes qui se quittent, pour un voyage à la campa-
gne, que de gens qui se font les derniers adieux. Je
mentionne ces particularités pour montrer le peu de
frayeur, que les voleurs ont de la peine de mort ; et
que bien loin d'être arrêtés dans leur course perverse,
par la possibilité de son infliction, ils ne sont pas
même intimidés par la certitude. »

Un autre de ces témoins respectables, (un des magistrats de la capitale), interrogé s'il croyait que la
peine de mort influençât la détermination des criminels dans l'exécution des délits, répond :

« Je ne le pense pas ; je crois qu'il est à la connaissance de toutes les personnes, un peu au fait des asso-
ciations criminelles qui existent dans cette ville, que
ces gens vivent en bande, et forment une espèce de con-
fédération ; qu'il est rare que l'exécution d'un ou plusieurs d'entre eux affecte la troupe, ou détourne les
autres associés de continuer le même genre de vie. Des

cas arrivés dans ma propre juridiction, m'ont confirmé dans cette opinion. Durant une de mes cessions comme magistrat, on conduisit devant moi trois personnes accusées d'émettre de faux billets. Dans le cours de l'examen, je découvris que la circulation de ces billets, partait d'une chambre, où gissait le corps d'un nommé Whetter (exécuté la veille, pour le même délit), et qu'ils étaient distribués par une femme avec laquelle il avait vécu. Ce cas est un peu fort, ajoute-t-il, mais, je ne doute pas qu'il n'y en ait beaucoup de semblables. »

Un témoin plus compétent que nul autre, en cette matière, le ministre de Newgate, interrogé : « Avez-vous observé l'effet de la sentence de mort sur les prisonniers ? » a répondu : « Elle n'en produit presqu'aucun ; la plupart des condamnés à mort, pensent et s'occupent à tout autre chose qu'à se préparer à ce moment. » Interrogé relativement à l'effet produit sur l'esprit du peuple par l'exécution capitale, il a répondu : « Je pense qu'elle produit un mouvement instantané de saisissement et d'horreur sur la jeunesse et l'inexpérience ; mais l'impression n'est pas durable, et la scène est à peine terminée que l'image en est effacée. Les vétérans expérimentés disent que *la chance a tourné contre le patient;* que cela ne prouve rien, et qu'on doit s'attendre à ces accidens : mais leur esprit ne reçoit aucune impression sérieuse. J'ai eu occasion d'aller dans les cours de la prison, une heure et demie après une exécution, et jai trouvé les autres

s'amusant, jouant à la paume aux palets, comme s'il ne
fût rien arrivé. »

Ces esquisses n'ont pas besoin de couleurs pour en
relever l'effet. Rien, à mon avis, ne prouve plus maté-
riellement l'inutilité absolue de cette prodigalité de
la vie humaine, son entière inefficacité comme punition, et son opération destructive sur la morale publique.

Le manque de pièces authentiques ne me permet pas
de mettre actuellement sous les yeux de l'assemblée générale, certains faits qui jetteraient un grand jour sur
cette matière, en présentant des exemples puisés dans
les cours criminelles des autres états; de faire voir comment des délits régnans y ont cédé aux amendemens
des lois pénales; de comparer le nombre des emprisonnemens, avec celui des condamnations; et de montrer
l'effet presque nul de la peine de mort, relativement
à la répression des crimes contre lesquels elle fut établie. Des renseignemens précis sur ces points nous
aideraient beaucoup, dans la recherche qui nous
occupe. Mais quoique ces documens ne soient pas en
notre pouvoir en ce moment, (par les raisons que j'ai
précédemment exposées) il existe, à cet égard, des
faits, généralement connus et qui ne sont pas pour
nous sans intérêt ni sans instruction. Le meurtre est
puni de mort dans tous nos états, et dans la plupart
il est, à l'exception du crime de trahison, le seul puni
de la peine capitale. Si ce mode de punition était le
plus efficace pour prévenir la réalisation du crime, ce

crime serait le plus rare de tous. En est-il ainsi? Pour
résoudre cette question, nous ne devons pas établir la
comparaison entre le crime et des délits; car, le résultat ne serait pas vrai. Il est des actes qui attaquent
si directement l'existence de la société; qui excitent
une alarme si universelle, et supposent un tel degré
de dépravation, que le coupable est toujours un objet
d'horreur, pour la communauté entière; et que l'exé-
cration publique en ferait justice, au défaut des lois.
Le nombre de pareils crimes, quelle que soit leur punition, sera toujours, nécessairement, moindre à proportion, que celui des crimes qui n'excitent ni la même
aversion ni la même alarme. De cette nature est le
meurtre : conséquemment, pour établir notre comparaison, nous devons jeter les yeux sur d'autres contrées.
Malheureusement la même peine qui lui est infligée
ici, lui est appliquée dans le seul pays qui nous fournisse des données suffisantes pour raisonner; et les résultats ne peuvent, conséquemment, être concluans.
Mais si dans le pays en question certains autres délits
sont punis de mort, qui ne le soient pas dans celui-ci,
et que, néanmoins, le nombre de ces délits soit plus
grand ailleurs que chez nous, tandis que le meurtre
(à-peu-près le seul crime qui, chez nous, encoure
cette peine) serait plus commun ici que dans le pays
que nous avons pris pour point de comparaison, alors
nous aurons quelque raison de douter de l'efficacité
de ce remède extrême.

Dans le cours de seize années, finissant en 1818,

Londres et Middlesex ont compté trente-cinq personnes condamnées pour meurtre ou blessures avec
intention de tuer; ce qui offre, à une fraction près,
une proportion de deux par année. Dans la ville de
la Nouvelle-Orléans, sept personnes ont été exécutées,
pour le même crime, dans les quatre dernières années; ce qui revient, à peu de chose près, à la même
proportion de deux par année. Mais la population de
la Nouvelle-Orléans, durant cette période, ne s'éle-
vait pas à plus de trente-cinq mille âmes ; et se trouvait, à l'égard de celle de Londres et de Middlesex,
dans le rapport (en nombre rond) de un à vingt-sept.
Ainsi donc, proportion gardée, ce crime a été vingt-
sept fois plus fréquent ici qu'à Londres. Dans Londres
et Middlesex, deux cent vingt-cinq personnes ont été
condamnées pour *faux* ou *contrefactions*, dans l'espace de sept années, finissant en 1818. Dans le même
espace de temps sept personnes ont été condamnées
pour le même crime dans notre État, ce qui démontre
qu'en proportion des populations respectives, ce délit
a été commis dix-huit fois plus à Londres qu'ici. Dans
les mêmes sept années six mille neuf cent soixante-
quatorze condamnations pour vol, furent prononcées
à Londres; et pendant le même temps, cent dans
l'État de la Louisiane; ce qui, *servanda servatis*, établit la proportion d'environ dix à un. Là, il y a eu
beaucoup de condamnations capitales pour des crimes
dont les pareils n'ont point eu lieu chez nous, et qui,
s'ils y eussent été commis, n'auraient encouru que l'em-

prisonnement aux travaux de force. Je veux accorder que l'état de la société, dans les deux contrées, le degré de tentation, le plus ou moins de facilité à subsister, et autres circonstances, jointes à l'opération des lois, aient influé sur cette différence que nous venons de calculer. Mais, ne suffit-il pas, pour créer des doutes violens sur l'efficacité de la peine capitale d'observer ce double résultat, que le seul crime, à-peu-près, qui encoure ici cette peine, soit plus fréquent dans une proportion de vingt-cinq à un, tandis que ceux auxquels on inflige une punition plus douce le sont beaucoup moins que dans le pays où ils sont capitalement punis?

Aucun de nos États ne punit de mort le vol commis sur les grandes routes. L'état général inflige cette punition aux vols des malles publiques quand ils sont accompagnés de circonstances qui en sont presque inséparables; et nous voyons, je crois, plus de cas de ces derniers que des premiers : autre preuve que la peine de mort n'a pas pour prévenir les crimes un effet plus puissant que les autres punitions. Je ne mentionne pas les doutes que beaucoup de personnes sages et scrupuleuses élèvent sur le droit d'infliger cette peine, parce que j'incline à penser que ce droit peut être bien établi. Si cette mesure est la seule capable de prévenir le crime, le gouvernement a le droit de l'adopter; à moins qu'il ne résulte de la punition plus de mal qu'on n'en pourrait redouter du crime même. S'il était prouvé, par exemple, qu'on ne pût

6.

conserver les fruits d'un jardin qu'en punissant de
mort les enfans qui les dérobent : le mal à appréhender de l'offense serait si inférieur à celui produit
par la punition, qu'elle ne devrait jamais être infligée
par la loi, et bien moins encore par la partie lésée,
au moyen (comme en Angleterre) de fusils à ressort
placés comme pièges. Mais, au contraire, il y a moins
de mal, résultant de la destruction d'un assassin, que
de la faculté qu'on lui laisserait de détruire une personne dont l'existence serait utile à la société et surtout à sa famille. En conséquence, toutes les fois qu'il
n'y aura pas d'autre alternative, je ne pense pas
qu'aucun doute sur le droit doive nous arrêter ; mais
la nécessité de la punition et le mal prépondérant du
crime doivent être constatés, ou bien le droit n'existe
pas. Tout le poids de l'argument pèse ici sur les partisans de ce mode de punition. Ils ont à prouver qu'il
est le seul moyen de réprimer les délits ; ils ont à
démontrer que dans les cas où ils veulent l'appliquer,
le mal du délit est plus grand que celui de la punition.
Nous avons déjà en partie examiné quelle chance de
succès ils peuvent avoir sur le premier point ; relativement au second, il convient d'observer que, dans
l'appréciation du mal résultant de l'impunité d'une
offense particulière, pour le comparer avec celui qui
résulte de la punition, il ne faut pas perdre de vue
que, de deux maux, l'un est certain et l'autre purement probable. Par exemple, un homme commet un
meurtre ; si vous étiez certain qu'en ne le frappant

pas de mort il récidiverait dans le crime, ou que l'exemple de son impunité en entraînerait infailliblement quelque autre à commettre un crime pareil; vous auriez alors établi et la nécessité de prévenir le crime, et la prépondérance du mal résultant de l'offense, sur celui qui résulte de la punition. Mais de ce qu'un homme a commis un délit, il ne s'ensuit pas que nécessairement il doive le commettre encore, ni qu'un autre sera indispensablement entraîné par son exemple à le commettre. Cependant j'accorde que ces conséquences soient probables; nous aurons deux probabilités contre une certitude. La forte probabilité d'un grand mal doit contrebalancer la certitude d'un moindre; et si dans le cas supposé il y a une grande probabilité que la société doive perdre ses plus dignes membres, ce mal ne doit pas être mis en balance avec celui de sacrifier un assassin. Mais si, par des mesures *moyennes*, la chance du mal incertain se réduit à une simple possibilité, alors on ne doit pas se soumettre au mal certain. Ainsi, en admettant que la peine de mort soit le meilleur moyen de prévenir le renouvellement du crime, si néanmoins l'emprisonnement à vie avait la même efficacité pour prévenir la récidive et que son opération comme exemple, réduisît à une simple possibilité la chance de la séduction des autres, qu'une punition plus douce pourrait induire à commettre le même crime; dans ce cas, dis-je, on ne doit point encourir le mal positif et certain d'ôter la vie à un être humain, parce que la possibilité éloignée même d'un grand mal, ne peut justifier un tel acte.

Mais avant d'adopter aucun de ces calculs toujours pleins de difficultés dans la pratique, nous devons nous assurer si la proposition au sujet de laquelle nous les avons faites est vraie, si la peine de mort est nécessaire pour prévenir les crimes : dans l'acception propre de la phrase, nous savons que cela n'est point. Dire que l'existence d'une certaine et unique cause est nécessaire à la production d'un effet donné, c'est supposer que toutes les fois que la cause existera, l'effet suivra nécessairement, mais on ne prétend pas que la peine de mort prévienne toujours le crime pour lequel elle est infligée, on dit seulement qu'elle tend plus à ce but qu'aucune autre espèce de punition, mais on a déjà fait voir le contraire.

Examinons maintenant les raisons sur lesquelles on base l'affirmative dans cette intéressante question :

1° Il est des personnes qui puisent dans la religion les argumens dont ils étayent leur opinion. L'esprit divin qui animait le grand législateur des Juifs (du Code desquels on tire ces argumens) n'eut, certes, jamais l'intention d'inspirer un système de jurisprudence universelle. La théocratie imposée pour forme de gouvernement à cette étrange nation, n'est pas moins inapplicable à tout autre peuple, que le système de lois pénales données sur la mystérieuse montagne, et promulguées du sein d'un épais nuage au milieu des tonnerres et des éclairs. Elles étaient destinées à frapper de terreur une nation perverse et

endurcie, et la peine de mort y est libéralement appliquée à une énorme liste de crimes. Mais ce même
code contient aussi *Lex talionis* et d'autres réglemens
que ceux mêmes qui invoquent cette autorité ne dé-
sirent sûrement pas adopter. Ils oublient que le même
Tout-Puissant, auteur de cette loi, inspira postérieurement à un de ses prophètes cette déclaration solennelle, qui pourrait être convenablement placée au
frontispice d'une maison de correction, et qu'il ap-
puya de l'affirmation la plus sacrée : « *Comme je vis,*
dit le Seigneur Dieu, *je ne prends point plaisir à la
mort du pécheur, mais je préfère qu'il se corrige
de son iniquité, et qu'il vive.* » Les chrétiens qui
mettent en avant de tels argumens, oublient donc
que le divin auteur de la religion abolit expressément
la loi du talion, sur laquelle est basée la punition
capitale pour cause de meurtre. Ils oublient la tendre
bienveillance de ses principes, la douceur de son esprit, la philanthropie qui respire dans tous ses discours
et la charité qui dirigeait toutes ses actions. Ils perdent de vue cette belle maxime qu'il établit : « *Fais
aux autres comme tu voudrais qu'il te fût fait ; Ne
fais pas à autrui ce que tu ne desires pas qu'il te
soit fait à toi-même ;* » et certes ils pervertissent l'esprit
de son indulgente et miséricordieuse religion, quand
ils la font servir d'autorité pour sanctionner des actes
sanguinaires.

Mais quelque indignes du nom de législateurs que
fussent ceux qui prescriraient des choses contraires

aux préceptes de la religion , et particulièrement à ceux de cette sublime morale qui sert de base au christianisme, il ne serait pas moins dangereux de fonder une législation sur des dogmes religieux, ou de les invoquer comme auxiliaires dans la défense de systèmes politiques; ce serait une injustice manifeste dans un gouvernement où toutes les religions ont un égal privilége; d'ailleurs il est probable, il est certain que ce serait porter atteinte au respect dû aux choses sacrées que de les mêler ainsi aux profanes, et de prostituer, à l'usage des partis, ces préceptes qui ne concernent point nos institutions temporelles, mais qui furent placés comme des phares pour nous éclairer dans la route du bonheur éternel.

2° On produit, en faveur de ce mode de punition, la pratique de toutes les nations, jusqu'à la plus haute antiquité. Le fait est incontestable; mais la conséquence qu'on en prétend tirer est-elle juste? il y a beaucoup d'erreurs générales; malheureusement pour l'humanité, il y a peu de vérités généralement établies en pratique, en fait de gouvernement et de législation. Adoptez cette règle pour mesure, et vous verrez de combien de degrés, à l'échelle de l'antiquité, le despotisme l'emporte sur le gouvernement représentatif. Les lois de Dracon étaient plus anciennes que celles de Solon, et conséquemment meilleures. Vous verrez les tortures presque aussi généralement répandues que la peine capitale. Idolâtrie en religion, tyrannie en gouvernement, peine de mort et tortures barbares en

jurisprudence criminelle, tout cela est contemporain,
tout cela s'est également répandu. Les partisans de la
punition en question veulent-ils admettre la force de
l'argument en faveur de tout le reste? S'ils le rejettent
pour les autres abus, comment peuvent-ils en faire
pour celui qu'ils veulent maintenir?

La généralité et la durée d'une institution, nous
donnent le moyen d'examiner ses avantages ou ses défauts dans la pratique, mais ne peuvent faire autorité que quand il sera prouvé que les meilleures lois
sont les plus anciennes, et que les institutions créées
pour le bonheur des peuples, sont les plus stables et
les plus généralement répandues. Mais par malheur
ce point ne saurait être soutenu de bonne foi; l'affligeante conviction du contraire pèse douloureusement
sur nos esprits. Partout, et de tout temps, à peu d'exceptions près, l'intérêt du grand nombre a été sacrifié
au pouvoir de quelques-uns. Partout les lois pénales
ont été instituées dans l'intérêt du pouvoir et pour le
soutenir, et si quelque institution favorable à la liberté nous a été transmise en héritage par nos ancêtres, elle n'était point partie intégrante d'un plan
originel, mais avait été par des circonstances particulières forcément arrachée des serres de la tyrannie,
ou inaperçue et inappréciée par l'insouciance et l'ignorance du gouvernement. Durant les huit ou dix derniers siècles, toutes les nations de l'Europe ont constamment été agitées par des convulsions, des discordes
intestines ou des guerres étrangères. On n'a cessé de

voir le trône et l'aristocratie cherchant à envahir le pouvoir; l'un et l'autre opprimant le peuple et le poussant au désespoir et à la révolte; de nombreux prétendans se disputant le sceptre de rois dépossédés ou assassinés * : des guerres religieuses, des persécutions barbares, des divisions de royaumes, des cessions de provinces....; tout cela se succédant avec une confusion et une rapidité qui défiaient la plume de l'historien le plus exercé et le plus diligent de débrouiller, de classer, et même de consigner les événemens. Ajoutez à cela l'ignorance dans laquelle était plongé l'esprit humain, durant le premier et le moyen âge de cette période ; l'intolérance du bigotisme, dont l'étroite union avec le gouvernement étouffait toute amélioration en politique, comme toute réforme en religion; et certes cet état de choses, peu favorable à la formation des lois sages sur quelque point que ce fût, l'était bien moins encore à l'établissement d'un Code criminel, juste et humain. Que pouvions-nous attendre de pareils législateurs, agissant à de telles époques et dans de semblables circonstances que ce que nous voyons aujourd'hui ? un amas indigeste de lois injustes parce qu'elles ne furent faites que dans la vue de favoriser les projets occasionnels du parti domi-

---

* Il ne faut pas oublier que c'est le citoyen d'un état républicain qui s'exprime ainsi. Le fier républicanisme n'est souvent pas plus dépouillé de préjugés que l'opinion opposée, quoique ces préjugés soient d'un autre ordre.

(*Note de l'Editeur.*)

nant; imprudentes, obscures, incohérentes, cruelles,
parce qu'elles furent l'œuvre de l'ignorance, et dictées
par l'intérêt, la passion et l'intolérance. La sagesse
nous invite-t-elle à soumettre notre raison à des autorités ainsi établies, et à admettre comme de respectables antécédens ces collections monstrueuses de dispositions absurdes, barbares, contradictoires qui,
encore avant le dernier siècle, étaient honorées du titre
de Code criminel, dans la jurisprudence des nations
européennes? Personne, assurément, ne serait de cet
avis ; mais alors pourquoi choisir une portion de cette
masse et nous la recommander par la raison qu'elle
est généralement adoptée? Si elle a quelque autre
qualité recommandable, faites-la connaître et on l'ap-
préciera : mais mon objet ici est de démontrer que la
manière dont les lois pénales de l'Europe, jusqu'à une
époque assez récente, ont été établies, ne demande
pas un grand respect par leur antiquité ni par la généralité de leur adoption. * Si la jurisprudence criminelle du moyen âge ainsi que celle du temps mo-

---

* Sans doute qu'il serait absurde de conserver aujourd'hui
des lois faites pour des hommes d'un autre âge, mais il ne
s'ensuit pas que ces lois aient toujours été absurdes. Lorsque
l'on juge les anciennes institutions, il est nécessaire de se re-
porter au temps où elles furent établies, et de voir si elles se
trouvaient en rapport avec les mœurs et les besoins de cette
époque. Au temps du régime féodal, par exemple, il fallait
bien que les peines fussent féodales et ne frappassent pas également le seigneur et le vilain, puisque telle était la consti-

derne nous offrent peu de motifs de révérer leur humanité et leur justice, les temps antiques ne présentent, à notre raison, rien de plus respectable. Le
despotisme était, dans l'antiquité, ce qu'il est de nos
jours, et ce qu'il sera toujours ; il ne peut avoir qu'un
caractère qui n'a point été changé par l'apparition
accidentelle et rare de quelques monarques philosophes et pacifiques ; les Républiques avaient dans
leurs lois un mélange de sévérité et d'indulgence sans
raison, qui n'en fait pas des modèles à imiter.

Néanmoins durant les deux cent cinquante années
à-peu-près qui s'écoulèrent entre la loi *valérienne* et
l'anéantissement de la République et de ses lois, par
le pouvoir impérial, il n'était pas permis de mettre à
mort, pour aucun crime, un citoyen romain ; et l'histoire ne nous démontre pas que Rome fût plus mal
gouvernée dans cet intervalle, ou que les crimes y
fussent plus fréquens. Mais lorsque les exécutions se
multiplièrent, nous la voyons devenir le réceptacle
des crimes et la sentine de tous les vices. Il faut cepen-

tution politique. Voudrait-on demander aux législateurs de
ces siècles, que nous nommons barbares, des institutions semblables à celles qui nous régissent aujourd'hui ? Mais il y aurait
injustice évidente. Qui nous dit, orgueilleux que nous sommes,
que dans cinq siècles nos lois actuelles ne paraîtront pas aux
hommes de ces temps, des monstruosités politiques et civiles.
Si nous voulons être jugés avec impartialité par nos descendans, soyons donc impartiaux aussi en jugeant nos aïeux.

(Note de l'Editeur.)

dant avouer que nous n'avons pas de données assez
certaines pour déterminer si cette dépravation prove-
nait uniquement de la fréquente infliction de la peine
capitale.

L'histoire moderne nous offre deux exemples qui
méritent de fixer notre attention dans cette discussion.
L'impératrice de Russie, Elizabeth, peu de temps
après son avénement au trône, abolit la peine de mort
dans toute l'étendue de ses vastes domaines. Durant
les vingt-cinq années que dura son règne, on eut
tout le temps de juger de l'effet de cette expérience;
et Beccaria parle avec enthousiasme de ces heureux
·résultats. Il n'a pas été en mon pouvoir de me procurer
les réglemens qui opérèrent ce changement; mais je
crois que l'on conserva le *knout*, (peine plus cruelle
qu'une mort prompte); aussi n'appuierai-je pas sur
cet exemple, comme aussi concluant que si des correc-
tions plus douces eussent été substituées. Trois ans
après qu'Elizabeth eut cessé de régner dans le nord
de l'Europe, la même expérience fut renouvelée dans
le sud. Un des premiers actes de Léopold, devenu
grand duc de Toscane, fut une déclaration (strictement observée pendant son règne) que nul délit ne
serait puni de mort. Il substitua à cette peine un système plus doux de punitions graduées qui, encore
qu'elles ne fussent pas, dans mon opinion, bien judicieusement choisies, produisirent immédiatement une
diminution dans le nombre des crimes. Il est connu
que, durant une période considérable, les prisons

furent vacantes; qu'on n'entendit citer aucun crime atroce; et lui-même, après une épreuve de vingt années, déclare : « Que l'adoucissement des punitions, jointe à une scrupuleuse attention à prévenir les crimes, à une grande expédition dans les jugemens et à la prompte et certaine punition des vrais coupables, au lieu d'augmenter le nombre des crimes, avaient considérablement diminué celui des moindres et rendu très rares ceux d'une nature odieuse. » Ce passage est extrait de l'introduction à un Code qu'il donna à son peuple en l'année 1786. Quatre ans après il fut appelé à l'empire, et le cours de sa noble expérience fut interrompu. Combien de temps après lui se maintint l'ancien système? nous l'ignorons; mais des voyageurs rapportent que le nouvel état des choses présente un contraste bien frappant en faveur du Code de Léopold. Ces faits font, je pense, changer de face à l'argument relatif à l'autorité de l'exemple. Si nous pouvons nous en rapporter à celui de la Toscane, qui est d'une authenticité reconnue, il prouve l'inefficacité de la peine capitale, pour les crimes comme pour les délits, et il est plus concluant que la pratique de toutes les nations du monde réunies, qui ont conservé ce mode de punition, mais qui n'en ont jamais retiré le moindre avantage pour la répression des crimes.

3° Le troisième et dernier argument que j'ai entendu soutenir, se rattache au second; c'est le danger des innovations. Je confesse que je n'entends jamais

proférer cette objection sans qu'elle n'éveille en moi
des soupçons. Que des hommes qui doivent leur rang,
leurs privilèges, leurs émolumens, à l'existence d'abus
et d'impostures dont les racines se perdent dans la
nuit des temps et se couvrent du voile de l'antiquité;
que de tels hommes prêchent sur le danger des innovations, je le conçois aisément; la seule chose incon-
cevable est qu'ils trouvent des gens assez faibles et
assez simples pour les croire. Mais dans un pays où
de pareils abus n'existent pas, un pays dont l'admirable système de gouvernement est entièrement fondé
sur les innovations, un pays où il n'y a point d'antiquité qui entoure d'un respect mécanique les abus
nuisibles, où il n'y a point d'intérêt apparent de les
perpétuer; dans un tel pays, cet argument ne peut
avoir de force contre les raisons qui l'attaquent. Que
ceux qui, de bonne foi, entretiennent encore quelques doutes à cet égard, réfléchissent que fort heureusement pour eux et leur postérité, nous vivons
dans un siècle de lumières; qu'il n'est pas un art,
une connaissance, qui de nos jours n'ait fait des progrès rapides vers la perfection; que la science dont
nous parlons en ce moment éprouve journellement
des améliorations. Depuis quand la torture a-t-elle
été abolie? De quelle époque date l'indépendance des
juges? Combien y a-t-il que la liberté personnelle a
été assurée et les persécutions religieuses terminées?
Chacun de ces pas, dans la carrière de la perfectibi-
lité humaine fut, dans son temps, une innovation

aussi hardie au moins, que celle qui vous est pro-
posée. Le seul aspect d'utilité que présente l'objection qu'on élève, est celui de prévenir tout essai ha-
sardeux, tout changement qui ne serait pas fortement
recommandé par la raison; voilà le creuset auquel je
desire soumettre le point actuellement en question.
Mais je soutiens respectueusement qu'il serait imprudent de le rejeter uniquement parce qu'il n'a pas été
éprouvé, si d'ailleurs nous sommes convaincus de son
utilité probable. Si l'expérience nous désabuse, le mal
ne saurait avoir des conséquences bien dangereuses,
puisque le remède est toujours en nos mains. C'est
donc un essai, une épreuve, mais non une impru-
dence ni une témérité; il ne s'agit que d'examiner si
les raisonnemens et les faits, en faveur de cette innovation, sont suffisans pour en justifier l'admission. Il
me semble que l'argument qu'on nous oppose pourrait,
avec avantage et facilité, être rétorqué contre ceux qui
l'emploient. Ne pourrait-on pas leur dire : les punitions, en général, ne sont que des essais que l'on tente
pour découvrir celles d'entre elles qui réussiront le
mieux à prévenir les crimes. Votre punition favorite,
la mort, a subi une longue, fréquente et complète
épreuve. D'après vous-mêmes, toutes les nations, depuis l'origine des sociétés, l'ont mise en pratique et
(vous êtes forcé de l'avouer) sans succès. Que deman-
dons-nous? que vous abandonniez une expérience im-
perturbablement suivie pendant cinq ou six mille ans,
modifiée de toutes les manières et sous toutes les formes

qu'a pu inventer le génie de la cruauté dans tous les
âges et sous tous les gouvernemens, et qui a toujours manqué son effet. Vous avez été contraints de
reconnaître son inefficacité, et de renoncer à son application dans les cas de délits; quel charme peut
donc vous y attacher encore, dans les cas de crimes :
vous avez fait votre essai; il a été accompagné d'une
dévastation incalculable de l'espèce humaine; d'une
dégradation affligeante de l'entendement humain; il
a été trouvé souvent fatal à l'innocence, fréquemment
favorable aux criminels, toujours impuissant pour réprimer le crime; vous n'avez pas même la ressource
de vous plaindre de la moindre interposition contra-
riante, pour pallier son inefficacité; car certes, pendant les siècles qui ont assisté à la pratique de votre système, l'humanité ni la justice ne se sont ingérées dans
vos opérations. Vous avez à votre gré, et sans obstacle, poursuivi l'œuvre de la destruction; toujours
témoins de la progression des crimes, et toujours sup-
posant qu'une progression de sévérité était le seul
moyen de les réprimer. Aussi la simple perte de la vie
fut estimée une trop douce peine. Des tortures que le
génie infernal seul pouvait inventer, furent multipliées pour prolonger la durée et accroître l'intensité
des supplices. Mais comment se fait-il que, n'aper-
cevant, malgré tout, nul relâche dans la répétition,
nulle diminution dans le nombre des crimes, il ne
vous soit pas une seule fois venu dans l'esprit que
la douceur pourrait réussir peut-être, où avait échoué

la sévérité. Cette grande pensée fut révélée à des philosophes qui la communiquèrent aux peuples; la force de l'opinion parvint à la longue, à l'imprimer dans l'esprit des rois; et malgré les clameurs contre l'innovation, une réforme commença à s'opérer. Elle continue ses progrès; eh! pourquoi s'arrêterait-elle, quand les raisonnemens et les faits se réunissent pour assurer ses succès? Nous n'avons pu concourir à cette réforme dans ses premiers degrés; peut-être l'honneur de la compléter nous était-il réservé. Je ne crois donc pas devoir d'excuses à l'assemblée générale pour l'avoir occupée de cette discussion. En proposant cet important changement, il était nécessaire de faire connaître les principales raisons qui m'y ont déterminé. Beaucoup d'autres encore ont assailli mon esprit, et en calculant l'impression qu'elles y ont laissée, je sens avec un humble regret, avec mortification, combien faiblement, je les ai présentées. Mais la nature seule du sujet inspire un intérêt qui provoquera des recherches; et l'humanité suggérera des argumens que je n'ai pas eu la sagacité de découvrir ou le talent de faire valoir.

Après avoir exposé les raisons qui m'ont induit à rejeter tous les genres de punitions qui ont été discutés, je passe à une brève discussion de la convenance supérieure de celles que je propose d'y substituer comme suit :

« Amendes pécuniaires, destitution d'office, simple emprisonnement, privation temporaire des droits civils, privation permanente des droits civils, emprisonnement aux travaux de force, réclusion solitaire durant des périodes du temps de l'emprisonnement fixées par la sentence. »

L'avantage de cette échelle de punitions, est qu'elle est divisible presque à l'infini; qu'il n'y a pas de délit, quelque léger qu'il puisse être, qui ne trouve dans des gradations intermédiaires une correction proportionnée; ni de crime si atroce qui ne soit efficacement puni par l'accumulation et le concours des divers degrés; si à cela on ajoute les réglemens qui sont établis dans certains cas pour la nourriture ou autres besoins de la vie, durant le temps de la punition; on trouvera que ce genre de punition possède, à un degré suprême, la qualité essentielle de se modifier de manière à être applicable, non-seulement à toutes sortes de délits, mais à toute espèce de délinquans, sexe, âge, habitudes, constitutions (circonstances qui doivent être considérées dans l'exercice du pouvoir discrétionnaire), peuvent être convenablement balancés.

On peut raisonnablement espérer la réforme du criminel; il est efficacement empêché de récidiver dans le crime; l'exemple frappant et permanent opère constamment sur les autres pour les détourner de l'imiter.

La peine étant moins sévère, l'esprit public n'armera pas les passions de la multitude contre la loi. Cette même cause empêchera que les officiers publics ne soient influencés dans l'acquit de leurs devoirs.

Une fausse compassion n'induira plus les jurés à absoudre des coupables, et si par hasard ou par pré-

7.

vention ils condamnent un innocent, leur faute ou leur erreur ne sera pas irrémédiable, comme dans le cas de mort ou de stigmates indélébiles.

Voilà les avantages qui donnent au système correctionnel une supériorité décidée sur tout autre.

Détailler la manière dont ces différentes punitions sont combinées et appliquées aux différens délits, serait reprendre en sous-œuvre toutes les dispositions de ce livre, ce qu'on ne saurait attendre de la nature de ce rapport.

J'en ai dit assez, trop peut-être, sur cette division de l'ouvrage. Je passe au plan du quatrième livre qui, comme nous l'avons déjà vu, règle la marche à suivre dans toutes les procédures criminelles, établit la manière dont les plaintes et les accusations doivent être formées; désigne les personnes compétentes pour les recevoir, guide leur pas dans l'examen, dans les témoignages, dans les ordres d'arrêt, prescrit la forme des mandats; et désigne les cas spéciaux où l'arrêt peut être fait sans mandat; détaille minutieusement les pouvoirs, les devoirs, les bornes de l'autorité des officiers ainsi que des individus qui les assistent dans l'exécution des arrêts; il règle la manière de conduire l'examen, de rédiger l'ordre d'emprisonnement afin d'éviter que le coupable n'échappe, comme il arrive fréquemment par la défectuosité de la pratique à cet égard.

Il décrit la manière dont le prisonnier doit être traité durant sa détention; il établit des dispositions pour prévenir les abus d'autorité de la part de ceux qui arrêtent ou détiennent la personne.

Il contient des règles pour diriger la discrétion du magistrat, et lui prescrire son devoir dans l'admission à caution, la manière dont l'accusation et les preuves à l'appui doivent être portées devant la Cour compétente ; des règles pour l'organisation des grands jurys, et pour la conduite des affaires devant eux ; leurs devoirs ainsi que ceux de l'avocat-général y sont tracés. Il distingue les cas à poursuivre par acte d'accusation de ceux à poursuivre par voie d'information ; donne des règles pour dresser les actes d'accusation, de façon qu'il y ait un degré de certitude de l'existence du délit, mais qu'en même temps le coupable ne puisse s'échapper par défaut de forme. Il établit la manière de signifier l'accusation, le mode de plaider, la marche du jugement, les devoirs du juge, ceux des défenseurs de l'accusé et de la partie publique. Il renferme des réglemens pour les citations, l'assermentation et la récusation des jurés ; pour leur conduite dans le jugement et pour le prononcé de leur décision, ainsi que pour d'autres incidens des procès. Il contient des instructions pour citer les témoins et les forcer à comparaître. Il règle les cas où des exécutions de sentence peuvent être suspendues et de nouveaux jugemens accordés, et décrit les procédures subséquentes aux décisions du jury.

Un chapitre est consacré à développer la manière dont les ordres de perquisition doivent être accordés et exécutés; un autre à spécifier les cas où le cautionnement peut être requis pour prévenir des délits justement appréhendés, les manquemens du respect aux Cours y sont définis, et la manière de les juger et de les punir fixée.

Le dernier chapitre de ce livre contient un système de procédure relative à *l'habeas corpus*.

Ce chapitre sera le premier acte législatif qui aura été passé dans cet état, sur un sujet assez important, ce semble, pour avoir dû plus tôt attirer notre attention. L'ordre d'*habeas corpus* fut introduit de bonne heure dans les lois anglaises; mais ne fut qu'un précepte sans force coactive, et conséquemment sans efficacité, jusqu'à la trente-unième année du règne de Charles II, où un statut passé à cet effet lui donna la vigueur et l'activité nécessaires, et en fit un trait caractéristique de la jurisprudence anglaise, un point saillant digne d'enorgueillir une nation quelconque et d'être adopté ou imité par toutes. Le mécanisme de cette institution admirable pour la garantie de la liberté personnelle est si simple, ses effets sont si décisifs, qu'on est étonné qu'elle n'ait pas plus tôt été mise en pratique chez un peuple, surtout qui, à une époque si précoce, avait stipulé avec ses rois, « que aucun homme libre ne pourrait être emprisonné qu'en vertu de la loi du pays. » Cet ordre fut, il est vrai, connu dans la loi romaine sous le nom d'*Edictum de homine libero exhibendo;* mais il ne s'appliquait qu'au seul cas où une personne libre était réclamée comme esclave; encore,

dans ce cas même, ne voyons-nous aucune disposition
coactive qui en assurât l'exécution. Il en existait, au
contraire, qui autorisait au refus d'obéissance ceux
qui préféraient payer la valeur de la personne, estimée
comme si elle eût été esclave. Ainsi donc aucune
époque de l'histoire ne nous présente cet ordre sous un
aspect respectable jusqu'au moment où l'esprit de
liberté, presque étouffé sous le despotisme énergique
des Tudors, se releva et plana sur la faiblesse des
Stuarts; ce ne fut qu'alors seulement qu'il inspira la
déclaration de ces principes de droits personnels et politiques sur lesquels sont principalement fondées nos
républiques. Une des mesures les plus importantes
inspirées par cet esprit, fut l'acte d'*habeas corpus*. Il
règle la manière dont l'ordre doit être émis, prononce
des peines contre la désobéissance, et établit une série
de dispositions salutaires pour prévenir les abus et
les lenteurs dans la procédure criminelle.

Ce statut faisait partie de la loi qui gouvernait les
États atlantiques à l'époque où ils devinrent indépen-
dans, et il se trouvait expressément ou implicitement
compris dans le corps de leurs lois municipales. Ces
États n'avaient donc autre chose à faire qu'à se pré-
munir, par une clause constitutionnelle, contre la
suspension de cet acte. Mais ici, le cas était différent:
ici, la loi commune d'Angleterre n'était point en force,
encore moins ses statuts; ni l'une, ni les autres ne pouvaient faire partie de nos lois que par un acte législatif formel et spécial, et néanmoins les auteurs de no-

tre constitution, sans faire attention à cette différence
de position relative, se contentèrent de copier des
constitutions des autres États, la disposition «Que le
privilège de l'*habeas corpus* ne pourrait être suspendu
que dans le seul cas où, pour cause de rébellion ou
d'invasion, le salut public l'exigerait.» Mais aucune
loi antérieure ni postérieure n'a défini ce qu'était l'ordre d'*habeas corpus*, ni déterminé la manière dont
il devait être obtenu; comment il devait être exécuté,
quels étaient ses effets, ou quelles peines étaient attachées à son infraction. Cependant si cet ordre est admis isolément sans mesure coactive, il sera aussi insignifiant pour nous qu'il l'était pour les Anglais avant
le statut de Charles II : si nous admettons le statut,
nous arrêterons-nous à celui de Charles, ou bien ceux
de la seizième année de George Ier et de la trente-
huitième de George III se trouvent-ils compris dans
l'adoption, par cette législation laconique? Quel que
soit celui que nous admettions, son application ici serait une source d'absurdités, car ils contiennent tous
des dispositions purement locales ; tous se rapportent
à des cours et à des magistrats inconnus dans notre
système de gouvernement, tous infligent des punitions
inexécutables ici, et desquelles cependant dépend
toute l'efficacité de l'acte. Ainsi, de quelque manière
qu'on entende cette clause de notre constitution, on
est obligé de confesser qu'à moins que quelque statut
ne vienne protéger et corroborer le privilège précieux
dont elle déclare que nous ne serons pas dépouillés,

cette disposition ne peut être pour nous d'aucune
utilité. Jusqu'à présent la nécessité d'un tel remède
a été si fortement sentie, que les juges n'ont pas examiné bien scrupuleusement leur droit de l'administrer,
et lors même qu'il est inconvenablement accordé, il est
si puissamment soutenu par l'opinion publique, que
les parties, encore qu'elles éludent quelquefois son action, n'ont jamais jugé à propos de contester sa légalité. L'autorité de cet ordre s'est donc maintenue parmi
nous par la conscience publique, qui exerce son influence en faveur d'une institution qu'elle a toujours
eu l'habitude de révérer et d'admirer et non par l'effet
d'aucune loi ; mais un temps peut arriver et doit
arriver dans le cours ordinaire des choses humaines,
où l'opinion publique aura moins de force, et où sans
le secours de quelque loi qui l'appuie, elle n'opposerait
qu'une impuissante barrière aux empiètemens de l'oppression.

De tous les attentats contre la liberté personnelle,
les plus dangereux sont ceux qui se commettent par
des motifs politiques et dont l'objet est d'étouffer toute
opposition à des mesures inconstitutionnelles ou révo-
lutionnaires. C'est alors que pour assurer l'efficacité de
son action, la loi a besoin de déployer toute son énergie et de s'armer de ses moyens les plus puissans. La
grandeur du mal concourant avec la probabilité de son
occurrence, réclame l'attention du pouvoir législatif
sur ce point important. En examinant les différens
degrés d'établissement de ce statut justement célèbre,

tout ami de la liberté doit bénir ses auteurs pour le
bienfait immense et, comme nous devons l'espérer,
durable, dont ils ont gratifié le genre humain. Déjà,
dix millions d'hommes libres ont consacré ce privilège
parmi leurs droits fondamentaux ; et les républiques
naissantes du Nouveau-Monde, ne manqueront pas
d'adopter une institution si précieuse, lorsqu'elles
reviseront et arrêteront définitivement leurs pactes
constitutionnels.

La plus grande gloire que puisse ambitionner une
nation sage est, sans contredit, celle de voir ses principes, ses institutions, ses lois, non-seulement reconnus, adoptés, copiés par les hommes qui parlent le
même langage et ont été nourris dans les mêmes habitudes, mais de les voir traduits dans les autres langues, s'adaptant aux différentes mœurs, s'incorporant
dans les divers Codes ; et partout considérés comme
les bienfaits les plus inestimables : le jugement d'une
cause par un jury indépendant sur les bords de la
Plata ou de *l'Orénoque*, ou l'ordre d'*habeas corpus*
adopté par l'assemblée générale des Péruviens ou des
Mexicains, doit inspirer plus de véritable satisfaction
à un Anglais, jaloux de l'honneur de sa patrie, que
les plus brillans succès des armes britanniques. Il ne
faut pas néanmoins que l'admiration pour une institution quelconque nous aveugle sur ses défauts ou
nous empêche, avant de l'adopter, de scruter sévèrement ses dispositions, et de rechercher soigneusement si dans son opération il n'existe pas quelques

imperfections qu'une prudence attentive puisse corriger. En revisant dans cet objet le statut anglais, nous y avons découvert certaines lacunes ou omissions importantes, auxquelles nous avons essayé de remédier, dans le projet qui vous est soumis : j'indiquerai les plus remarquebles.

1° La principale qualité de cet ordre, celle qui constitue son excellence, je pourrais dire son unique utilité, est la promptitude et l'efficacité de son opération; et, pour emprunter à une autre branche de jurisprudence l'expression propre, «c'est un ordre d'*exécution spécifique*, ou ce n'est rien du tout.» Tous les pays civilisés admettent les poursuites pour attentats à la liberté personnelle; mais, avant que l'exemple n'en eût été donné par l'Angleterre, on n'avait nulle part pourvu à la cessation immédiate du mal. Cet acte y pourvoit efficacement par prise de corps, amendes et châtimens. Ces moyens suffisent dans la plupart des cas; mais il est des circonstances où, malgré les dispositions du statut, la partie lésée n'obtiendrait aucun soulagement, et où l'offenseur éluderait la punition. Une personne peut être illégalement arrêtée, et forcément embarquée, pour se voir transporter hors du pays · je veux que l'ordre d'*habeas corpus* soit émis, qu'il soit même exécuté à temps; si celui à qui il est adressé n'y fait qu'une réponse insuffisante, nulle mesure ultérieure ne peut être prise, que cette réponse ou ce rapport (*return*) n'ait été reçu, examiné et jugé insuffisant, et alors, c'est une sentence pénale, et non un ordre coactif qui est prononcé, qui, au lieu de délivrer le prisonnier, se borne à punir, pour sa désobéissance, celui qui le détient : cependant l'opprimé peut être transporté hors du royaume, ou éprouver quelque autre injure irréparable. Ces cas se sont probablement souvent présentés en Angleterre, par abus dans l'exécution des *ordres de levées (press warrants)*, par empiètement du militaire sur le civil, par motifs de vengeance, par oppression de la part du gouvernement. Quelque récent que soit l'établissement du nôtre, nous avons été témoins ici d'un exemple outrageant et scandaleux d'un pareil abus : un rapport évasif fut fait et répété, et tandis que la cour était occupée à discuter sa validité, une quantité de citoyens furent enlevés à leurs foyers, et transférés hors de l'Etat par un officier militaire, sur une accusation chimérique de crime politique.

Pour prévenir la répétition de pareils actes, on a inséré dans ce chapitre un article portant que, dans tous les cas requérant l'émission de cet ordre, où il sera prouvé qu'on ait à appréhender la déportation ou toute autre injure irrémédiable, ainsi que dans les cas de désobéissance à l'ordre, le magistrat, au lieu d'un ordre d'*habeas corpus,* lancera un mandat d'amener, pour la production devant lui, et du prisonnier, et de la personne qui le détient, afin que l'un soit délivré, et l'autre mis en sauve-garde pour jugement, dans le cas où cette marche est prescrite par la loi.

2° Dans la loi anglaise, le rapport est toujours pré-sumé vrai, et le seul recours contre un faux rapport est une action contre celui qui l'a fait; doctrine entiè-rement subversive de l'intention réelle de cet acte, et qui, dans bien des cas, le rend illusoire. Cette doc-trine fut établie par la décision des douze juges aux-quels s'en référa la chambre des Lords, en 1757, dans un cas de matelots américains transportés à bord de vaisseaux anglais. Le rapport du capitaine fut : « qu'ils s'étaient volontairement engagés », et, sans autre information ou recherche, on les renvoya à leur servitude, en leur laissant entrevoir que s'ils avaient le bonheur de survivre à la guerre, et de trouver quel-qu'un qui voulût intenter une action pour faux rap-port, et qui pût le prouver, ils obtiendraient leur liberté. Ce vice manifeste et choquant a été corrigé dans le projet de loi qui vous est soumis, et qui pres-crit l'examen de la vérité du rapport, toutes les fois qu'elle est contestée.

3° Dans le cas que nous avons cité, les juges dé-cidèrent à l'unanimité « que les dispositions relatives à l'émission et au rapport immédiat de l'ordre d'*habeas corpus*, ne concernaient que le cas de nature crimi-nelle ou présumée criminelle ». Il est vrai que le juge Bathurst ajouta à son opinion que « encore que le statut ne s'étendît point aux autres cas, les juges de la cour du banc du Roi (*King's benck*) avaient, pour favoriser la liberté, étendu ce privilège aux autres cas. »

Ici, afin que cet ordre puisse produire son plein

effet, on propose de l'étendre expressément à tous les cas d'emprisonnement ou de détention arbitraire.

4º Dans la pratique anglaise, lorsqu'un prisonnier est produit en vertu d'un ordre d'*habeas corpus*, si on découvre quelque défaut de forme dans l'ordre de son emprisonnement, il est mis en liberté, quoiqu'il existe des preuves suffisantes pour motiver sa détention en attendant le jugement. Le plan propose de remédier à ce défaut, en obligeant l'officier qui présente le prisonnier de produire en même temps les preuves sur lesquelles il a été emprisonné, et en ordonnant au juge devant lequel est fait le rapport de l'ordre d'*habeas corpus*, de l'emprisonner de nouveau si les preuves le requièrent.

Ce chapitre se trouvant en entier sous les yeux de l'assemblée générale, il est inutile de noter ici les autres omissions qui ont été suppléées, ou les autres défauts auxquels on a tenté de remédier. Une conviction profonde de la grande utilité de cet ordre bienfaisant m'a fait desirer de faciliter encore son obtention, d'étendre la sphère de son opération, d'attacher à chacune de ses dispositions une force coactive proportionnée, de graver dans l'esprit du peuple l'importance de la conservation et le danger de la violation de ce privilège, de manifester le prix que nous attachons aux institutions libérales, et spécialement à celle-ci, et de le prouver, non par ce culte superstitieux et mécanique qui couvre du voile de l'antiquité les difformités de son idole, mais par nos efforts et

nos soins infatigables à la corriger et à la perfectionner, s'il est possible, de manière à léguer à nos enfans,
non-seulement intact, mais amélioré, l'héritage que
nous avons reçu de nos pères.

Le grand objet qu'on s'est proposé dans cette partie de l'ouvrage a été de protéger l'innocent contre
des poursuites sans fondement, et le coupable contre
les vexations dans les procédés nécessaires à la constatation de la culpabilité; mais en même temps d'assurer la stricte exécution des lois, et de déjouer, autant que possible, les ruses de profession, trop souvent
employées par les défenseurs, pour soustraire les coupables à l'action de la loi.

Pour cela, je me suis borné à arranger la loi de
manière à l'appliquer convenablement aux différentes
divisions et chapitres, et à prêter aux règles de la
procédure un langage intelligible et précis.

Vouloir noter tous les points où l'on a cru nécessaire d'introduire quelques changemens ou modifications, serait prolonger au-delà des bornes ce rapport
déjà trop étendu.

Je ne dois pourtant pas passer sous silence la prohibition de ces déclamations que les juges se permettent fréquemment dans la vue de déployer leurs idées
politiques, ou leur éloquence, et quelquefois, pour
donner l'essor à leurs passions; ainsi que de ces exposés de même nature, par lesquels le jury recommande
des candidats aux emplois, dénonce les mesures publiques, ou prône les vertus des hommes en place.

On a considéré ces hors-d'œuvres, comme au-dessous
de la dignité du magistrat, et comme incompatibles
avec la sainteté de ce corps, dont les fonctions d'accusateur public et de gardien des libertés et des réputations de leurs concitoyens, exigent une délibération
calme et grave, que ne doivent troubler ni les dissen-
sions, ni l'intempérance des partis. *

---

* Les jurys anglais ont le droit, avant de se dissoudre, de
faire des remontrances au gouvernement sur telle ou telle
branche de l'administration publique. C'est ainsi, pour ne pas
sortir de notre sujet, qu'il y a peu de temps, un jury émit le
désir que le Parlement fît une loi pour accorder aux accusés
de félonie (crimes capitaux) le droit d'être défendus sur le
point de fait par un avocat, comme cela se pratique pour les
crimes de haute trahison et pour les simples délits. Un membre
de la Chambre des communes, M. Lamb, s'empara de cette
idée, et fit une motion, dans la dernière session, tendante à
la voir convertie en loi; mais elle fut rejetée à une faible majorité. Peut-être n'y a-t-il pas lieu de blâmer ce privilége que
le jury anglais s'est attribué. Dans un état libre, les citoyens
doivent avoir tous les moyens de faire connaître leur opinion
sur la marche du gouvernement, et d'élever la voix en faveur
des réformations qui sont demandées par la force des circonstances. Il est vrai, néanmoins, que le jury sort alors de ses
véritables attributions. Aussi n'est-ce plus comme jury de jugement qu'il délibère sur ces sortes de propositions, mais
comme réunion légale de citoyens éclairés d'un même comté,
saisissant l'occasion de soumettre au gouvernement et à l'opinion publique la manifestation de leurs vœux sur une branche
quelconque de l'administration. Quelquefois les jurés étendent
ce droit jusqu'à de simples objets de localité, tels que la de-

Si une cour ordinaire de justice est proprement appelée le *Temple* de cet attribut essentiel de la divinité, nous pouvons, sans outrer la métaphore, qualifier un tribunal de juridiction criminelle de *sanctuaire, de tabernacle,* où rien d'impur, rien d'indigne, ne doit être admis, et où nul ne doit officier qu'il n'ait préalablement dépouillé les vêtemens de la vie ordinaire, et revêtu la robe sacrée de ses fonctions; qu'il ne soit animé de cette pureté d'intention, de cet ardent amour de la vérité, si incompatibles avec les sordides vues des intérêts mondains. Malheureusement les chimères de l'ambition, la vanité des faux talens, l'esprit de parti, influenceront toujours, à un degré quelconque, les autres départemens de l'Etat. Cela doit être, telle est la nature de notre gouvernement. Cependant le préjudice n'est pas matériel tant que l'abus n'attaque que la branche législative, ou même l'exécutive; mais s'il s'introduit dans le sanctuaire de la justice, nous pouvons être certains que les parties vitales du corps politique sont affectées; et je n'imagine pas de moyens plus puissans pour hâter la corruption que de permettre à nos juges d'adresser

---

mande d'une route pour une partie du comté, ou la réparation d'un pont ou d'une prison. Ces adresses, une fois rédigées, le chef du jury (*foreman*) en donne lecture à la fin de la session, et les remet entre les mains du juge, président des assises, qui doit les transmettre au gouvernement.

(*Note de l'Éditeur.*)

8

des harangues politiques à nos jurys, qui y répondent par des professions de partis.

Un autre article applicable au jury de jugement restreint l'office du juge à l'énonciation d'une opinion sur la loi, et à la répétition des preuves, dans les cas seulement où il en est requis par quelque juré. La pratique de répéter les témoignages d'après des notes nécessairement imparfaites, prises souvent inexactement, quelquefois négligemment, a le double désavantage de rendre inattentifs aux preuves les jurés qui s'en rapportent plus aux notes du juge qu'à leur propre mémoire, et de leur donner ainsi une copie fautive de ces témoignages dont la nature du jugement par jury requiert une impression juste et profonde dans leur esprit. Obligés de ne s'en reposer que sur eux-mêmes, la nécessité aiguise l'attention, et ce ne sera que dans le seul cas de discordance dans leurs souvenirs, qu'ils auront recours aux notes du juge. Il y a encore une autre raison plus grave pour cette restriction. Les juges sont généralement des hommes vieillis dans la pratique du barreau. Avec les connaissances que leur donne cette expérience, ils acquièrent aussi une habitude difficile à dépouiller, celle d'épouser un des côtés de la question qu'ils entendent débattre. Quand leur esprit est une fois engagé, leurs passions, leurs préjugés, et leurs ressources professionnelles, se rangent sous le même étendard, et leur fournissent des armes pour le combat. On ne peut guère compter, dans de semblables circonstances, sur

la neutralité; mais la loi doit limiter, autant que possible, le mal qui résulte presqu'inévitablement de cet
état de choses. Dans la théorie de nos lois, les juges
sont les conseils des accusés; dans la pratique, ils sont,
à quelques exceptions honorables près, leurs plus vi-
rulens accusateurs. Dans les vrais principes de la jurisprudence criminelle ils ne doivent être ni l'un ni
l'autre. Une impartialité parfaite est incompatible avec
l'un et l'autre. Un bon juge ne permettra jamais, ni
qu'un coupable échappe, ni qu'un innocent soit sacrifié; aucune fausse pitié, aucun excès de sévérité,
ne porteront atteinte à l'inflexible rectitude de son
jugement. Calme dans la délibération, ferme dans la
résolution, patient dans la recherche de la vérité; s'y
attachant avec ténacité quand il l'a découverte, il
doit joindre l'urbanité des manières à la dignité personnelle, et une intégrité au-dessus du soupçon au talent et à l'érudition. Un tel juge sera ce qu'il doit être,
dans la constitution de nos cours, le protecteur et
non l'avocat de l'accusé, son juge et non son accusateur; et dans l'exercice de ses fonctions, il est l'organe
qu'emprunte la loi pour énoncer sa volonté sacrée;
proclamée par une telle voix, elle sera entendue, res-
pectée, obéie. Mais imposez-lui la tâche de discuter et
de débattre, souffrez qu'il descende du siège pour aller
à la barre.....; permettez-lui d'écraser l'accusé de son
influence, d'entrer dans la lice avec les défenseurs,
pour y faire assaut de sophismes, d'aigres argumens,
de répliques piquantes, et s'engager dans la cohue et

8.

la confusion verbeuse des guerres du barreau. Souffrez cette dégradation, et sa dignité est perdue : ses
décrets ne sont plus les oracles de la loi; on s'y soumet,
mais on ne les respecte plus, et le triomphe même de
son éloquence ou de son esprit, dans la conviction de
l'accusé, est terni par le soupçon qu'il ne le doit qu'à
son influence officielle, et au privilège d'argumenter
tout seul et sans réplique; c'est pour ces raisons qu'il
est défendu au juge d'émettre aucune opinion sur les
faits allégués en preuve, et surtout d'adresser aucun
raisonnement au jury; son office se borne à l'explication de la loi, et à établir les points de preuves sur
lesquels la mémoire des jurés ne s'accorde pas.

J'omets d'autres moindres altérations, et je passe à
l'exposé du cinquième livre. Nous avons vu dans le
plan que ce livre est consacré aux règles concernant
les preuves (*evidence*) en matière criminelle. Dans l'exécution de cette partie de l'ouvrage, il sera posé des
principes généraux applicables à tous les cas de recherches criminelles et à tous leurs périodes; on n'admettra
que les principes qui ont été sanctionnés par les sages
et les savans, ou dont la vérité et l'utilité peuvent être
clairement démontrées.

Les preuves (*evidence*) nécessaires pour justifier
l'emprisonnement (*commitment*), l'acte d'accusation
(*indictment*) ou la condamnation (*conviction*), pour
chacun des délits spécifiés dans le troisième livre, ainsi
que celles qui peuvent être admises dans la défense,
seront détaillées dans des chapitres séparés, et on

s'efforcera de les classer de manière à rendre cette partie de l'ouvrage également aisée à comprendre et facile à retenir.

On conçoit que la nature même de cette division
ne permet pas de détailler les différentes dispositions
qu'elle renferme; ce serait dépasser les limites d'un
rapport ordinaire. Il est néanmoins convenable d'indiquer la tentative qu'on y fait de donner plus d'effet
aux témoignages, et d'ajouter à la solennité du serment. D'après la manière négligente et souvent inintelligible dont on le prête, le serment a l'air d'une
vaine cérémonie plutôt que d'un engagement sacré
par lequel on renonce en cas de violation, à toutes
les faveurs du Ciel et à tous les bienfaits de la Divinité. On a établi quelques règles à ce sujet, qui, on
l'espère, porteront quelqu'amendement à cet abus et
rendront les témoins plus réservés et plus circonspects
dans leurs témoignages, en gravant dans leur esprit
une idée plus juste de la sainteté du serment, et des
sérieuses conséquences qui résultent de sa violation;
que si cette impression ne suffit pas pour arrêter le
parjure déterminé, elle préviendra du moins le mal
le plus commun, les écarts de la vérité par exagéra-
·tion, insouciance ou passion.

La sixième et dernière division de l'ouvrage contien-
dra les réglemens pour l'établissement et direction des
prisons publiques, comprenant ceux qui sont relatifs
à la détention avant le jugement; à la simple réclu-

sion, à l'emprisonnement correctionnel, aux travaux de force, ou en solitude.

De ces réglemens et de leur fidèle exécution dépend le succès de tout le système pénal. Mais il serait inutile de faire des réglemens puisqu'il est impossible de les exécuter, à moins qu'on ne prépare un édifice de dimension assez vaste, pour y pouvoir convenablement classer, occuper, enfermer, ou isoler les différens coupables : sans ce préalable, nous ne pouvons espérer aucun effet de l'exemple ni opérer aucune réforme; et cette nullité d'effet et de résultat serait imputée au système, quand on n'en devrait accuser que notre défaut d'attention à son principe élémentaire.

Le vice est plus contagieux que les maladies, beaucoup de ces dernières ne se communiquent pas, même par le contact; il n'en est pas ainsi des maladies de l'âme, elles se contractent et s'inoculent toutes avec facilité, par la fréquentation habituelle. Il serait moins déraisonnable de placer un homme dans une maison de pestiférés pour le guérir d'un mal de tête, que d'enfermer un jeune délinquant dans une prison ordinaire, pour effectuer sa réforme.

Considérant l'ordre intérieur de la maison de correction (*penitentiary*) comme essentiel au succès de la totalité du plan, on n'a pas cru devoir en laisser l'établissement à la direction du gouverneur ou gardien. Au moyen de réglemens précis, en quelque sorte minutieux, on établit la discipline de la prison sur une base qui ne doit pas varier suivant les théories diverses des officiers préposés pour la maintenir; on leur accorde cependant une latitude discrétionnaire, pour les cas où des considérations d'humanité peuvent le requérir. Pour tracer convenablement ces réglemens, il serait à desirer que nous eussions plus de renseignemens que je n'en possède en ce moment sur les maisons correctionnelles (*penitentiaries*) déjà éprouvées dans les autres États. Pour cet objet j'ai l'intention de consacrer, s'il m'est possible, quelques mois de l'été prochain à voir et examiner moi-même les différens établissemens de ce genre dans les États atlantiques.

Mais si mes affaires ne me permettent pas d'exécuter ce projet, je renouvellerai mes efforts et mes tentatives pour me procurer toutes les informations et les lumières qu'on peut obtenir par des correspondances et des rapports.

Tout système qui a la réforme pour but principal ou même casuel, est imparfait s'il ne renferme une disposition singulière et stable pour l'éducation des jeunes délinquans et l'instruction morale et religieuse de tous. Il n'est pas douteux que des leçons de cette nature, données par des hommes pieux et bienveillans, secondées par une vie tempérante et laborieuse, hors de la sphère d'influence des sociétés perverses, ne parvinssent à faire de plusieurs des condamnés, après leur temps d'épreuve, des citoyens plus utiles et plus réellement respectables que beaucoup de ceux dont les délits n'auraient pas encouru les mêmes châtimens. Mais il ne suffit pas de la réforme: quelque sincère

qu'elle fût, elle ne saurait être durable, si la société
défiante repousse de son sein le pécheur, et lui refu-
sant la ressource d'une honnête industrie, le force de
recourir pour sa subsistance à ses premiers compagnons d'iniquité. Pour éviter ces conséquences, il serait nécessaire de trouver quelque moyen d'éprouver
par intervalles, la sincérité de la réforme, en donnant
de temps à autre, au néophyte, l'occasion de regagner
la confiance sociale, par des communications gra-
duelles avec le public, et si après plusieurs épreuves
il était jugé capable de résister aux tentations, de lui
assigner dans la communauté une place qui le mît à
même de subsister sans reproche.

Cette partie du plan sera d'une exécution difficile,
mais non pas impraticable: elle sera aidée et appuyée
par un accroissement de sévérité dans les cas de récidive, tant pour la durée que pour l'intensité de la
punition et des privations qui en accompagneront le
cours. Si le réglement que je proposerai à cet effet est
adopté et trouvé d'une efficacité suffisante, il complet-
tera le système qui substitue les punitions correctives
aux peines vengeresses, et cette réforme dans la jurisprudence criminelle, fera plus d'honneur à nos temps
modernes que les plus brillantes découvertes dans les
arts, la littérature ou les sciences.

Tel est le plan de l'ouvrage; tels sont les principes
sur lesquels il est fondé: si après un examen convenable ils sont jugés incompatibles avec les vues de la
législature, ou si l'exécution ne remplit pas son attente,

elle trouvera facilement dans les suggestions de sa sagesse le moyen de remédier à ce mal, ou de corriger les défauts du plan.

Pour donner à l'assemblée générale une idée de l'exécution, je choisirai dans les parties les plus avancées de ce travail, le deuxième livre et le dernier chapitre du quatrième, l'un renfermant l'énonciation de principes généraux, et l'autre contenant des détails de pure pratique. L'assemblée générale sera mieux à portée de juger par ces exemples si j'ai porté une attention assez scrupuleuse à combiner les détails pratiques avec les spéculations d'un théorie assez saine; et jusqu'à quel point j'ai réussi dans le grand objet que j'ai en vue, de réunir autant que possible dans chaque précepte la clarté et la concision.

Quelques portions du troisième livre sont préparées, mais toute cette division est encore imparfaite.

Le quatrième livre est à-peu-près complet.

On ne peut guère donner une forme régulière au cinquième (qui traite des preuves), que les délits auxquels elles sont relatives n'aient été définis, et décidément classés. Ce livre restera donc nécessairement en œuvre jusqu'à ce que le troisième soit achevé.

Le manque de ces renseignemens que j'ai l'intention d'aller chercher, et puiser moi-même, dans les maisons de correction, m'a forcé de suspendre ce que j'ai à ajouter au sixième et dernier livre.

J'ai déjà établi, dès le commencement de ce rapport que le premier livre, qui doit contenir les définitions et

explications de tous les mots techniques et des phrases
non généralement usités, ne pourrait, par cette raison
même, être soumis à la législature que lorsque l'ouvrage sera terminé ; j'ajouterai seulement que d'après
ce qui est déjà exécuté de ce travail , j'espère que le
système entier pourra être présenté à l'assemblée générale, la session prochaine, et je soumets à la décision
de la législature la proposition d'ordonner l'impression du Code projété de manière à ce qu'il puisse, à
l'ouverture de la cession, être soumis à l'inspection
des membres.

Le but de ce rapport est de faire connaître aux
Représentans les changemens qui sont proposés dans
notre jurisprudence criminelle , de leur expliquer
pourquoi ces changemens sont jugés nécessaires , de
leur présenter le plan de l'ouvrage entier , d'énoncer
les principes sur lesquels on se propose de l'établir,
et en mettant sous leurs yeux quelques fragmens des
parties déjà exécutées de ce travail, de leur donner
une idée de la manière dont on peut s'attendre à le
voir traité dans l'ensemble.

En remplissant la tâche qui m'a été imposée par
la loi, j'ai suivi scrupuleusement la ligne qu'elle m'a
tracée ; je ne prétends à d'autre mérite qu'à celui d'a-
voir cherché avec diligence et avec le desir le plus sincère d'y réussir, à concilier la justice avec l'humanité,
et toutes deux avec les grands intérêts de la liberté.

Lors même que les Représentans d'un peuple libre
n'ont rien fait pour perdre la confiance de leurs con-

stituans, ils ne sauraient conserver toujours le pouvoir
de les servir. L'esprit de mutation est inhérent à la
nature de notre gouvernement, il lui donne de l'énergie, il est même nécessaire au développement de ses
forces. Nous paraissons quelques instans sur la scène
publique, nous remplissons ou nous négligeons les devoirs qui nous sont imposés, et bientôt exclus du théâ-
tre par des candidats plus jeunes, plus actifs ou plus po-
pulaires, nous rentrons dans la foule de nos concitoyens
pour jouir ou souffrir avec eux des maux ou des biens résultant des mesures que nous avons adoptées. Il n'arrive pas toujours que durant le court espace de temps
qui nous est alloué pour remplir nos fonctions, nous
trouvions l'occasion d'en faire une époque mémorable
dans les annales de notre patrie, par des institutions
qu'une postérité reconnaissante identifie avec les noms
de ceux dont les efforts patriotiques sont parvenus à les
établir. Une de ces occasions rares se présente à vous :
si l'ouvrage que votre sagesse a ordonné, que votre jugement, votre expérience et vos soins corrigeront et
perfectionneront, remplit l'objet que vous avez en
vue, de donner à votre patrie un Code pénal basé sur
des principes vrais, énoncés avec concision, humains,
faciles à comprendre, garantissant avec un soin scru-
puleux les droits des plus humbles comme des plus
distingués parmi les citoyens, assurant avec fermeté,
mais sans dureté, la stricte obéissance aux lois, répri-
mant également les abus du pouvoir et la licence de
de l'insubordination, protégeant les bons, contenant,

punissant et corrigeant les méchans, enrôlant sous les
étendards de la loi les plus purs sentimens, les plus nobles passions, les plus honorables suffrages de l'entendement, rendant la désobéissance imprudente et dangereuse, plaçant toutes vos institutions sous l'égide de
l'opinion publique, rendant vos juges vénérables
comme les organes de la justice, et vos tribunaux respectables comme sanctuaires. Si, dis-je, les décrets de
votre sagesse remplissent cet objet, vous aurez rendu
à votre patrie un service inappréciable, assuré sa tranquillité intérieure, et fondé sa réputation de sagesse
et de justice, en donnant un grand exemple aux autres
États de l'Union. Vous aurez démontré l'importance
d'un gouvernement libre, par cette preuve de la rapidité de vos progrès dans la science de la législation,
et la douce prière de l'innocent que vous aurez sauvé,
les vœux du coupable que vous aurez réformé, des
criminels que vous aurez préservés d'une mort ignominieuse, de la communauté entière à laquelle vous
aurez épargné des spectacles de souffrances et d'agonies, se combineront avec le témoignage de votre propre
conscience, pour répandre sur tous les instans de votre
vie les jouissances les plus délicieuses, et pour éclairer
d'un rayon de félicité cette dernière heure de l'existence
où l'âme désabusée des plaisirs vains et passagers que
donnent les faveurs de la fortune ou les succès de l'ambition ne se repose avec satisfaction que sur le souvenir des actions utiles à l'humanité et à la patrie.

PARTIES DÉTACHÉES

DU

CODE PROJÉTÉ.

~~~~~~

AVERTISSEMENT PRÉLIMINAIRE.

———————

1. Ce Code est divisé en six livres ; chaque livre en chapitres ; chaque chapitre en sections ; celles-ci sont composées d'articles numérotés indépendamment pour chaque livre.

Le premier livre contient des définitions, expliquant le sens dans lequel certains mots, certaines phrases, sont employés dans le cours de l'ouvrage, et la manière dont ce Code devra être promulgué et enseigné.

Le second contient une introduction et des dispositions générales, applicables :

1° A l'exercice du pouvoir législatif en matière pénale ;

2° Aux poursuites et jugemens ;

3° Aux personnes sujettes aux dispositions de ce Code, et aux circonstances qui peuvent justifier ou excuser des actes qui autrement seraient des délits ;

4° Aux récidives ;

5° Aux personnes participant différemment au même délit, comme principaux, complices, adhérens.

Le troisième livre définit les délits, et indique les punitions respectives.

Le quatrième établit un système de procédure pour tous les cas criminels, et traite des plaintes ou accusations, arrêts, emprisonnemens, actes d'accusations, informations, procès et jugemens ; de la formation des grands jurys, de leurs devoirs, et de la manière dont ils doivent procéder ; de la manière d'assurer la comparution des témoins ; des formes à observer dans tous les procédés en cour ; de l'administration des sermens ; de l'émission et de l'exécution des ordres de perquisition ; du cautionnement à requérir, pour prévenir la commission des délits appréhendés ; de l'émission des ordres d'*habeas corpus* ; et les dispositions nécessaires pour en assurer l'effet.

Le cinquième livre règle les preuves requises en jugement, pour chacun des délits contre lesquels ce Code établit des peines.

Le sixième est relatif à l'établissement d'une maison de correction (*penitentiary*), et aux réglemens pour son administration.

II. Partout où il est question dans ce Code d'office, charge, fonction, ou relation ; de tuteur, pupile, administrateur, exécuteur, ascendant, héritier, parent, mineur, enfant, maître ou serviteur, ou quand leurs pronoms relatifs *il*, *ils*, *eux*, sont employés à leur sujet, la loi entend parler des femelles ainsi que des mâles qui se trouvent à ces degrés de relation, ou qui remplissent lesdits office, charge, connection, à moins qu'elle n'exprime le contraire.

III. Les termes généraux « *Quiconque, tout individu,*

toutes personnes, qui que ce soit, » et leurs pronoms relatifs *il, ils,* en parlant d'eux, comprennent, dans l'intention de la loi, les individus femelles ainsi que les mâles, à moins d'exception expresse.

IV. Toutes les fois que le Code ordonne ou défend, en usant des termes généraux *chacun, quelqu'un, toute personne,* qui que ce soit, ou de leur relatif *il, elle,* les mêmes ordres ou défenses s'étendent (à moins d'expression contraire), à toutes les personnes faisant ou omettant de faire les actes défendus ou prescrits; de même, lorsque le pluriel *personnes, individus,* ou leurs relatifs *ils, eux,* sont employés dans quelque disposition impérative ou prohibitive de la loi, l'ordre ou la défense est applicable à chaque personne ou individu qui omettrait ou ferait l'acte ainsi ordonné ou défendu.

V. Lorsqu'un ordre ou une défense sont exprimés dans ce Code, par rapport à un objet ou à une chose, l'ordre ou la défense s'étendent à plus d'un de ces mêmes objets ou choses, et réciproquement ce qui est ordonné ou défendu, par rapport à plusieurs objets ou choses, l'est par rapport à chacun de ces objets ou choses en particulier.

VI. Tous les mots imprimés en petites capitales, dans le corps de cet ouvrage, sont définis et expliqués dans le 1er livre, et, sous cette forme, ne sont employés dans aucune autre acception que celle qui leur est attribuée par la définition ou l'explication susdite.

VII. Tout mot ou phrase employés dans cet ouvrage sans ce caractère distinctif d'impression, doit être pris et entendu dans le sens qu'y attachent communément les personnes qui connaissent la langue.

VIII. On ne doit pas entendre que chaque article de ce Code, pris isolément et indépendamment des autres articles de la même section, contienne l'expression complète de la volonté législative; c'est dans leur ensemble qu'ils doivent être considérés. Quelquefois, pour éviter les répétitions, les dispositions d'un article se réfèrent à quelque chose exprimé dans un autre; par exemple, dans le paragraphe précédant immédiatement celui-ci, les mots *sans ce caractère distinctif d'impression*, se rapportent à *en petites capitales*, exprimés dans le vi^e paragraphe.

LIVRE II.

CHAPITRE PRÉLIMINAIRE.

INTRODUCTION.

Aucun acte de législation ne peut ni ne doit être immuable ; les changemens sont requis par l'altération des circonstances ; les amendemens, par l'imperfection de toute institution humaine.

Mais les lois ne doivent jamais être changées sans mûre délibération, et sans une considération attentive, tant des raisons sur lesquelles elles sont basées, que des circonstances dans lesquelles elles sont émises.

Il convient donc, dans la formation de nouvelles lois, d'établir clairement les motifs de leur création, et les principes qui dirigent le législateur dans leur passation.

Sans ces données, les législatures subséquentes ne peuvent remplir avec fruit la tâche des amendemens et dès-lors plus d'ensemble dans la législation, plus d'uniformité dans l'interprétation des lois.

Mue par ces considérations, l'Assemblée générale de l'État de la Louisiane déclare que son but, en établissant le Code suivant, est :

9

De faire cesser toute incertitude relativement à l'autorité que doivent avoir certaines parties de lois pénales étrangères qui régissaient cet État avant son indépendance, de réunir en un même Code de lois et de coordonner en un seul système pénal, diverses prohibitions établies par différens statuts, et qu'il convient de conserver dans le Code pénal de cet État.

De ranger dans la classe des délits, des actes préjudiciables à l'État et à ses habitans, lesquels actes ne sont point à présent prohibés par la loi.

D'abroger l'usage actuel de recourir à une loi étrangère pour la définition des délits, et pour la manière de les poursuivre.

D'organiser un système suivi, pour prévenir ainsi que pour poursuivre et punir les délits.

De rassembler en un seul Code et d'y consigner, dans le style le plus simple, tous les réglemens qu'il peut être nécessaire d'établir pour la protection des personnes, des propriétés, des professions, des réputations, et du gouvernement; les peines et les punitions attachées aux infractions de ces réglemens; les moyens légaux de prévenir les délits, et la forme à suivre dans leur poursuite, lorsqu'ils ont été commis; les règles relatives aux témoignages qui doivent appuyer l'accusation; les devoirs des officiers judiciaires et exécutifs, des jurés et des individus, pour prévenir, poursuivre et punir les délits, afin que personne ne puisse ignorer aucune des branches de la jurisprudence criminelle qu'il importe à tous de connaître.

Enfin, de changer les lois pénales actuelles dans tous les points où elles ne s'accordent pas avec les principes

suivans, que l'assemblée générale considère comme vérités fondamentales, et qu'elle prend pour bases de sa
législation sur cette matière; savoir :

La loi ne connaît point la vengeance. Le seul but des
punitions, est de prévenir la commission des délits. Les
punitions doivent être combinées de manière à opérer,
1° Sur le délinquant, en lui ôtant, par la réclusion, les
moyens actuels, et par l'habitude du travail et de la tem-
pérance, le desir futur de récidiver dans le délit; 2° sur
la communauté, en dissuadant par l'exemple les membres
qui la composent, de commettre de semblables contraventions aux lois. Aucune punition, plus rigoureuse qu'il n'est
nécessaire pour obtenir ces effets, ne doit être infligée.

Aucune action ou omission ne sera déclarée criminelle
qu'autant qu'elle sera préjudiciable à l'État, à des sociétés autorisées, ou à des individus. Les lois pénales ne
doivent pas être multipliées sans une nécessité manifeste;
ainsi, tels actes, quoique préjudiciables à des individus
ou à des sociétés, ne seront point soumis à la poursuite
publique, s'ils peuvent être suffisamment réprimés par
l'action civile.

Il arrive quelquefois, par l'imperfection des institutions humaines ou l'erreur de ceux qui les dirigent, que
l'innocence est condamnée à subir la peine due au crime.
Les punitions doivent donc être de nature à pouvoir être
remises, et autant que possible compensées dans les cas
où l'injustice de la sentence serait reconnue. Lorsque le
crime est prouvé, le châtiment doit suivre dans le moindre
délai possible.

Les lois pénales doivent être écrites dans le plus simple
langage, exprimées clairement et sans équivoque, afin

9.

qu'elles ne soient ni mésentendues ni mésinterprétées ;
elles doivent être assez concises pour être facilement
retenues, et toute phrase ou termes techniques qu'elles
contiendraient doivent être définis avec précision : elles
doivent être promulguées de manière à ce que leurs
dispositions se gravent dans l'esprit du peuple ; et pour
cela, elles seront non-seulement publiées, mais enseignées
dans les écoles, et lues publiquement à des époques
déterminées.

La loi ne doit jamais rien commander qu'elle n'ait la
puissance de faire exécuter ; en conséquence, toutes les
fois que la force de l'opinion ou toute autre cause, oppose
un obstacle insurmontable à l'exécution d'une loi pénale, cette loi doit être rappelée.

Dans tous les cas l'accusé a droit 1° A un jugement
public, et conduit, d'après les règles établies, devant
des juges impartiaux et un jury sans prévention ;

2° A une copie de l'acte d'accusation contre lui ;

3° Au délai nécessaire pour se préparer au jugement ;

4° Aux moyens légaux de forcer ses propres témoins
à comparaître ;

5° A la faculté de voir, d'entendre, et d'examiner les
témoins produits contre lui ;

6° A l'assistance d'un conseil pour sa défense ;

7° A une libre communication avec son conseil dans
la prison, s'il est détenu ;

8° A jouir de sa liberté sous cautionnement, excepté
dans les cas particulièrement spécifiés par la loi.

Aucune présomption de culpabilité, quelle que puisse
être sa force, ne peut justifier l'infliction d'aucune punition avant la conviction, ni l'emploi d'aucune contrainte

corporelle, plus grande qu'il n'est nécessaire pour prévenir l'évasion de l'accusé, et la loi doit fixer la nature et l'étendue de cette contrainte.

Chacun doit avoir pleine et entière liberté d'entendre, et de publier les débats des cours criminelles, et aucune restriction quelconque ne doit gêner la discussion ouverte de la conduite des juges et autres membres, dans cette branche de gouvernement.

Le système de procédure criminelle doit être rédigé de manière à être entendu sans longue étude, et doit être tel que le coupable ne puisse s'échapper à la faveur des formes, ni l'innocent être enveloppé dans leur complication. Pour cet objet, les amendemens seront permis dans tous les cas où il n'y aura aucune surprise à craindre, ni pour l'accusé ni pour la partie publique.

Les lois pénales manquent leur but et neutralisent leur propre effet, lorsque, par une douceur mal entendue, elles accordent au coupable un bien-être plus grand que celui dont ils eussent problablement joui dans l'état de liberté.

Le pouvoir de pardonner ne doit être exercé que dans les cas d'innocence découverte après la condamnation, ou de réforme sincère et certaine.

La loi doit pourvoir aux moyens de prévenir l'exécution de délits projétés, toutes les fois que l'intention de les commettre sera suffisamment manifestée.

Les moyens éloignés de prévenir les délits, ne sont point du ressort des lois pénales. C'est à l'assemblée générale d'y pourvoir en temps et lieu. Ces moyens consistent dans la diffusion des lumières par l'éducation

publique, dans les progrès de l'industrie, dans l'accroissement de l'aisance et du bien-être général qui en est le
résultat.

Le religion est une source de bonheur en cette vie, et
le fondement de nos espérances au-delà. Mais, faire
de l'observation de ses rites ou de ses maximes, l'objet
des lois pénales, serait la plus oppressive des tyrannies.
Tous les dogmes et tous les cultes sont égaux aux yeux
de la loi, et ont un droit égal à sa protection dans leur
exercice, pourvu qu'ils ne s'immiscent en aucune manière dans les droits publics ou privés.

Quelle que puisse être, dans l'Etat, la majorité des
zélateurs d'une religion ou d'une secte, c'est une persé-
cution, que de forcer qui que ce soit à se conformer à
quelque cérémonie, ou à observer quelque jour de fête
consacré à un culte par les membres d'une société religieuse quelconque.

Les lois générales qui ordonneraient des fêtes civiles,
la cessation de tous travaux à des époques périodiques,
ou qui indiqueraient des jours où les citoyens des diverses
religions ou sectes se réuniraient, suivant leurs rites respectifs, pour rendre des actions de grâces publiques, ou
pour implorer la Toute-Puissance divine, dans les temps
de calamités, ne dérogeraient en rien au principe consacré dans cet article.

Comme l'innocence ne doit jamais souffrir ni se ressentir des peines infligées aux crimes; aucune condamnation ne doit empêcher l'héritier de recueillir la succession d'un condamné: et la loi doit, bien plus encore, se
garder de transformer les sentimens de la nature, en in-

strumens de supplice, en faisant peser sur les enfans la responsabilité de la conduite de leurs pères. Les lois rendues pour la répression d'un mal occasionnel (*temporary*) ne doivent pas avoir plus de durée que le mal qu'elles entendent réprimer, et doivent disparaître avec les raisons qui les avaient provoquées.

CHAPITRE II.

DISPOSITIONS GÉNÉRALES.

SECTION Iʳᵉ.

Art. 1. Aucune action ou omission commise avant la promulgation de la loi qui la condamne, ne peut être punie comme délit.

Art. 2. Si une action ou omission est déclarée délit par une loi, et que la peine y attachée soit aggravée par une loi postérieure ; nulle infraction à la première loi, avant la promulgation de la seconde, n'encourra la peine portée par la dernière : mais si la seconde allégit la peine, le délinquant peut réclamer l'application du dernier mode de punition seulement.

Art. 3. Après le rapport d'une loi pénale, nul ne peut être arrêté, emprisonné, jugé ni condamné pour l'avoir violée, quand elle était en force ; à moins que l'acte de rappel ne porte une disposition expresse à cet égard.

Art. 4. Toute interprétation favorable ou défavorable des lois, est abolie. Toute loi pénale sera interprétée suivant l'acception des mots pris dans leur signification ordinaire.

Art. 5. Lorsqu'une seconde loi pénale changera le mode de punition d'un délit, la peine établie par la première, sera réputée abolie, à moins d'expression contraire.

Art. 6. Une loi qui commande ou défend simplement de faire une action, sans attacher de peine à la contravention, ne peut avoir que des effets civils : l'action ou omission ne peut, en ce cas, être punie comme délit.

Art. 7. La législature seule, a le droit de déclarer ce qui constitue un délit. En conséquence, il est défendu de punir aucunes actions ou omissions non condamnées par la loi, sous le prétexte qu'elles offensent les lois de la nature, de la religion, de la morale ou toute autre loi que la loi écrite.

Art. 8. Il est expressément défendu aux cours de punir aucune action ou omission non condamnée par la lettre de la loi, sous prétexte qu'elles le sont par l'esprit de la loi. Il vaut mieux que des actes répréhensibles restent momentanément impunis, que si les tribunaux usurpaient le pouvoir législatif ; acte plus criminel en lui-même, qu'aucun de ceux qu'on prétendrait réprimer par ce moyen. Il n'y a donc point de délits interprétatifs (*constructive offences*). La législature, quand elle le jugera nécessaire, étendra la lettre de la loi à ces actes qui lui paraîtront devoir être punis.

Art. 9. Lorsqu'un tribunal compétent, jugeant en dernier ressort, a rendu un jugement final d'acquit ou de condamnation de l'accusé, celui-ci ne peut plus à l'avenir être recherché pour le même délit.

Art. 10. Une accusation étant une affirmation de culpabilité, elle doit être prouvée à la satisfaction de ceux à qui il appartient d'en décider ; tant qu'ils conservent quelque doute sur le fait allégué ou sur l'application de la loi, l'accusé ne peut être condamné.

SECTION II.

DISPOSITIONS GÉNÉRALES, RELATIVES A LA POURSUITE
ET AU JUGEMENT.

Art. 11. Aucune personne accusée d'un délit quelconque, ne sera contrainte par violence ou par menace, de répondre à aucune interrogation relative à son innocence ou à sa culpabilité; sa confession, à moins qu'elle ne soit faite volontairement, sans violence, menace ou promesse d'indulgence, ne pourra être produite en preuve contre lui.

Art. 12. Personne ne pourra être arrêté pour répondre d'un délit quelconque, que de la manière et d'après les preuves spécialement énoncées dans le quatrième livre de ce code.

Art. 13. Aucun mandat de perquisition ou de recherche (*search warrant*), ne sera délivré que dans les cas prévus et de la manière expliquée dans le quatrième livre susdit.

Art. 14. A quelque période que ce soit de la poursuite, l'accusé aura droit de recourir aux conseils de tel avocat ou de telle autre personne qu'il voudra employer pour sa défense: s'il se déclare hors d'état de se procurer un conseil, la cour lui en assignera un de la manière prescrite dans le quatrième livre, qui règle la procédure des cours criminelles.

Art. 15. Aucun jugement d'aucun délit, n'aura lieu

qu'en présence de l'accusé ; et aucun témoin ne pourra
être examiné que devant la cour, le jury, l'avocat-général et l'accusé, réunis ; chacun desquels aura la faculté
d'interroger le témoin, excepté cependant dans les cas où
les témoignagnes peuvent être pris par commission ; cas
sur lesquels il est spécialement statué dans le quatrième
livre de ce code.

Art. 16. Toutes causes criminelles seront débattues
publiquement, et toutes personnes, sans distinction, ont
le droit d'assister à ces jugemens : bien entendu néanmoins, que la cour, sur la demande de la partie publique
ou de l'accusé, peut ordonner aux témoins de se retirer à l'écart, jusqu'à ce qu'ils soient appelés pour être
examinés ; comme aussi, expulser, en se conformant aux
dispositions contenues dans le quatrième livre de ce code,
les personnes qui entraveraient l'administration de la
justice.

Art. 17. Tous jugemens définitifs en affaires criminelles, ainsi que les raisons sur lesquelles ils auront été
basés, seront distinctement prononcés en pleine cour, en
présence de l'accusé (excepté comme il a été autrement
statué dans les cas de certains délits graves), et seront
enregistrés au long dans les minutes de la cour : ce qui
aura également lieu pour tous jugemens, ordres ou décisions, toutes les fois que la partie publique ou l'accusé
le requerront.

Art. 18. Il sera loisible à chacun de discuter de vive
voix, par écrit ou par la voix de l'impression, les motifs
de tous jugemens, ordres ou décisions qui auront lieu
dans le cours de toutes poursuites criminelles, et de mettre en question leur légalité ou leur convenance.

Art. 19. Le droit que la constitution garantit à l'accusé de contraindre ses témoins à comparaître, s'étend à tous les témoins qui se trouvent dans l'Etat; et tout shériff de paroisse auquel l'ordre de sommation sera adressé devra l'exécuter et en rendre compte. Ces témoins seront payés par l'Etat, dans tous les cas où l'accusé serait acquitté, ainsi que dans ceux où il paraîtrait à la cour, que l'accusé condamné n'a pas le moyen de les payer.

Art. 20. Les témoins sommés de concourir au jugement d'un délit quelconque, ne pourront être arrêtés en matière civile ni même pour délit grave (*misdemeanor*), pendant leur assistance en cour, non plus que pendant un délai convenable pour leur allée et leur retour; à moins qu'il ne paraisse que le témoin n'eût été sommé par collusion, uniquement dans la vue de le protéger contre une arrestation. Dans le cas de quelque arrestation contraire au présent article, tous juges, de quelque cour ou juridiction que ce puisse être, soit civile soit criminelle, à l'exception des juges-de-paix, pourront lever l'arrêt, et décharger la personne arrêtée, en poursuivant celle qui aurait provoqué l'arrestation ou ses agens.

Art. 21. Aucune personne acquittée ou déchargée d'accusation, ne pourra être détenue pour paiement de quelques frais ou dépenses que ce puisse être, provenant de la poursuite dont elle aura été déchargée, ni pour remboursement de la somme allouée par la loi, pour son maintien, ni pour quelque somme qu'elle puisse devoir pour nourriture, services, fournitures reçues durant sa détention. Et aucun magistrat ne rendra jugement contre aucune personne ainsi acquittée et déchargée d'accusation, pour paiement de tels frais, ni d'aucune somme allouée par la loi pour l'entretien des prisonniers.

Art. 22. Le jugement par jury, tel qu'il est établi dans le quatrième livre de ce code, est déclaré être le mode de jugement pour tous les délits, et nul ne peut y renoncer.

SECTION III.

DES PERSONNES ASSUJÉTIES AUX DISPOSITIONS DU PRÉSENT CODE, ET DES CIRCONSTANCES QUI PEUVENT JUSTIFIER OU FAIRE EXCUSER DES ACTES QUI, AUTREMENT, SERAIENT DES DÉLITS.

Art. 23. Toutes personnes, soit qu'elles habitent cet État ou tout autre des États-Unis, soit qu'elles soient étrangères, sont susceptibles d'être punies pour tout délit qu'elles commettraient dans cet État, contre la loi qui le gouverne. Les citoyens ou habitans de cet État, peuvent être punis pour des actes commis hors de ses limites, dans les cas où une disposition spéciale de la loi déclare que tel acte défendu est un délit, quoique commis hors de l'État.

Art. 24. Un délit est une action ou omission volontaire commise en contravention d'une loi expresse. Il n'y a donc généralement point de délit, quand la volonté ne concourt pas à l'acte. Cependant, la loi établit des exceptions, des modifications dérogatoires à ce principe : mais il n'y a d'autre exception, d'autre modification admises que celles expressément spécifiées par la loi.

Art. 25. Nul acte, commis par un individu au dessous de l'âge de dix ans, ne peut être un délit ; et nul acte, commis par un individu âgé de moins de quinze ans, ne sera réputé délit, à moins qu'il ne soit prouvé, à la satisfaction du jury, que cet individu avait assez de discernement pour apprécier la nature et l'illégalité de l'acte qui constitue le délit.

Art. 26. Si un mineur commet un délit par l'ordre ou l'instigation d'aucuns de ses parens, en ligne ascendante, de son tuteur, de son curateur ou de leur représentant; de son maître, si le mineur est apprentif ou domestique; la peine infligée audit mineur pour un tel délit, sera un simple emprisonnement, pour la moitié du temps auquel il aurait été condamné s'il eût été majeur; pourvu que ledit mineur eût quinze ans accomplis à l'époque de la commission du délit: autrement, l'ordre ou l'instigation des personnes sus-qualifiées, seront une excuse suffisante pour le garantir de toute punition, si sa faute n'est qu'un délit. Mais si le mineur, au dessous de quinze ans, commet un crime, il sera, par ordre de tout juge ayant droit d'en connaître, engagé comme apprentif au gardien de la prison de l'État, pour être instruit dans une profession de la manière expressément établie dans le sixième livre; et dans tous les cas de crime commis par des mineurs, la cour ordonnera qu'au lieu, ou en outre, de la peine généralement prononcée contre le cas, le mineur soit ainsi engagé comme apprentif.

Art. 27. De même, si une femme mariée commet un délit par ordre ou par instigation de son mari, elle ne subira d'autre peine qu'un simple emprisonnement, pour la moitié du temps auquel elle eût été condamnée, si elle eût commis le délit, sans y être engagée par les instigations susdites.

Les rapports conjugaux considérés dans cet article n'ont besoin, pour être établis et prouvés, d'aucun acte de célébration de mariage: la cohabitation habituelle et la croyance publique, suffiront pour la réduction de la peine, en faveur de la femme réputée.

Art. 28. Dans tous les cas où un mineur aura été aidé dans la commission d'un délit, par aucunes des personnes désignées dans le vingt-sixième article; et dans le cas où une femme aurait été aidée, dans la commission d'un dé-lit, par son mari ou l'homme réputé tel; ou même, lors-que dans ces dits cas, les personnes ou le mari sus-men-tionnés, auront été présens respectivement à la commis-sion du délit, sans faire leurs efforts pour le prévenir; chacune de ces circonstances sera suffisante pour prou-ver que le délit aura été commis par leur ordre ou par leur instigation.

Art. 29. Lorsqu'un mineur ou une femme aura com-mis un délit, et que les personnes attachées au mineur, aux titres ou qualités mentionnés en l'article vingt-deux; ou que l'épouse ou mari réputés de la femme, seront con-vaincus d'avoir persuadé, commandé ou aidé dans la commission du délit, lesdites personnes ainsi convain-cues, seront punies comme suit; savoir :

Si le mineur était âgé de moins de quinze ans, au mo-ment de la commission du délit, et que la peine appro-priée par la loi, fût un emprisonnement pour un temps limité, la durée de temps sera accrue de moitié; mais seulement d'un quart si le mineur avait plus de quinze ans à ladite époque. Cependant si la punition du délit commis était l'emprisonnement à vie, le coupable devra

subir, chaque année un mois de séclusion ou d'emprisonnement solitaire.

Art. 30. Aucun acte commis par une personne en
état de démence, ne sera puni comme délit.

Aucune personne tombée en démence après la commission d'un délit ne sera, durant sa démence, mise en
jugement pour ce délit.

Aucune personne tombée en démence après avoir été
convaincue d'un délit, ne sera condamnée tant que durera sa démence.

Aucune personne condamnée ne sera punie, si elle
tombe et continue en démence.

Si pendant le cours de la punition infligée un coupable perd la raison, la punition en tant qu'elle consisterait
en travaux de force, sera suspendue tant que durera la
démence.

Dans tous les cas mentionnés au présent article, la
cour qui aura connu du délit pourvoira à la sûre garde
de la personne de l'accusé ou du coupable.

La manière de déterminer si la démence est factice ou
réelle, est établie dans le quatrième livre de ce Code.

Art. 31. Nul soldat ou officier non commissionné, de
l'armée ou de la milice, quand celle-ci est en activité de
service, ne sera puni pour aucun délit grave (*misdemeanor*) qu'il aurait commis par ordre d'un officier à l'autorité militaire duquel il était tenu d'obéir ; mais tout officier qui donnera ou transmettra de pareils ordres, sera
sujet aux peines de la loi.

Art. 32. L'ordre d'un supérieur militaire ne justifie
ni n'excuse la commission d'un crime (*crime*).

Art. 33. Le commandement, mandat ou ordre écrit,

(*order*, *warrant or writ*) d'un officier ou d'un tribunal compétent, justifieront les personnes chargées de les exécuter, de tous actes faits en obéissance auxdits ordres, mais seulement dans les cas où les circonstances suivantes se trouveront concourir.

1° Le magistrat ou la cour qui aura donné ces ordres doit avoir juridiction dans la cause, ou pouvoir de connaître du cas dans lequel lesdits ordres ou mandats auront été émis;

2° Ces divers ordres devront être revêtus de toutes les formes que la loi requiert, dans leur contexture respective;

3° L'exécuteur doit être un officier commissionné chargé d'office de l'exécution de pareils ordres, ou une personne par lui légalement appelée pour l'aider dans l'exécution du commandement, mandat ou ordre écrit susmentionné;

4° Il doit n'avoir connaissance d'aucune illégalité dans l'obtention ou l'exécution desdits ordres, mandats, ou commandemens.

Art. 34. L'ordre légal d'un magistrat, ou d'un tribunal compétent, quoique exécuté par une personne dûment autorisée, légitimera bien les actes expressément commandés par cet ordre, mais rien au-delà, et les seuls moyens d'exécution jugés nécessaires par la loi sont détaillés dans le quatrième livre de ce Code.

Art. 35. Si une personne est contrainte par menace, ou par violence, de faire une action, qui faite librement et volontairement, eût été un délit; ladite personne sera exemptée de toute peine, pourvu qu'elle prouve les circonstances suivantes:

1° Qu'elle a été menacée de mort, ou de mutilation si elle n'accomplissait l'action, et qu'elle avait tout sujet de penser que la menace serait effectuée ;

2° Qu'elle a fait tout ce que pouvait faire une personne d'un courage ordinaire pour résister, ou pour se soustraire au pouvoir de celui qui la menaçait ;

3° Que l'acte dont elle est accusée a été exécuté pendant qu'elle était en présence de la personne usant ainsi de violence ou de menace, et sous l'influence actuelle de ses moyens.

Art. 36. Si quelqu'un, dans l'intention de commettre un délit, et pendant qu'il s'y prépare ou qu'il l'exécute, commet par méprise ou par accident un autre acte qui, fait volontairement, serait un délit, il subira la peine attachée à l'acte qu'il a réellement fait.

Néanmoins, si l'acte qu'il méditait était un délit grave (*misdemeanor*), et celui qu'il commet par méprise un crime (*crime*) s'il eût été volontairement exécuté ; il subira seulement le plus haut degré de punition infligée par la loi, au délit qu'il méditait. Mais s'il avait l'intention de commettre un crime (*crime*), quoique inférieur en degré à l'acte qu'il aurait accidentellement commis, il subira la peine affectée par la loi pour l'acte ainsi commis.

Art. 37. Nul évènement arrivé par méprise ou par accident dans l'exécution d'un acte légal, fait avec une attention ordinaire n'est un délit.

Art. 38. Un acte défendu par la loi est punissable, quoique commis par méprise ou par accident, si la méprise ou l'accident, proviennent d'un manque de soin ou d'attention ordinaire. Les différens délits de ce genre sont spécifiés dans le troisième livre de ce Code.

Art. 39. L'intention de commettre un délit est présumée, toutes les fois que les moyens employés sont tels, que dans le cours ordinaire des choses ils doivent amener l'évènement défendu par la loi.

Art. 40. Lorsque le fait qui constitue un délit est prouvé, c'est à l'accusé à prouver les circonstances sur lesquelles il s'appuie pour justifier ou faire excuser l'action ou omission condamnée par la loi.

Art. 41. Si une personne qui tente de commettre un délit en est empêchée ou est interrompue dans l'exécution, par quelque cause indépendante de sa propre volonté, elle subira la moitié de la punition à laquelle elle aurait été condamnée si elle eût achevé d'exécuter le délit entrepris.

Art. 42. Les dispositions de ce Code ne sont point applicables aux officiers militaires.

Art. 43. Les tribus indiennes qui résident dans les limites de cet État, se gouvernant par leurs propres coutumes, aucun acte commis par des individus de ces tribus dans leurs relations entre eux ou avec d'autres tribus, n'est considéré comme une violation du présent Code; mais sous tous les autres rapports, ces individus sont comme tous les autres habitans de cet État, protégés ou punis par la loi qui le gouverne.

Art. 44. Les délits commis par les esclaves formant l'objet d'un Code particulier, ne sont point compris dans celui-ci.

SECTION IV.

DES RÉCIDIVES.

Art. 45. Si une personne déjà condamnée pour un délit grave (*misdemeanor*), retombe dans le même délit ou en commet un autre du même degré, elle subira une moitié en sus de la peine qu'elle aurait encourue pour un premier délit; si elle avait été précédemment condamnée pour un crime, la punition de la seconde faute sera accrue de moitié.

Art. 46. Après deux condamnations pour crime, de quelque nature qu'ils fussent, si l'accusé est convaincu d'un troisième crime, il sera considéré comme inhabile à l'état social, et sera emprisonné pour le reste de sa vie aux travaux de force.

Art. 47. Une condamnation antérieurement subie dans quelqu'un des autres États de l'Union aura le même effet pour la progression des peines, que si la condamnation eût eu lieu dans cet État.

Art. 48. On entend dans cette section par délits de la même nature, tous ceux qui sont compris dans la même division générale, au chapitre du troisième livre relatif à la nature des différens délits.

Art. 49. Si la punition du crime dont l'accusé est pour la seconde ou troisième fois convaincu est l'emprisonnement à vie, l'accroissement de la peine consistera dans la séclusion, ou en toute autre privation que les juges sont autorisés, dans le troisième livre de ce Code, à infliger aux délinquans en général.

SECTION V.

DES PRINCIPAUX, DES COMPLICES ET DES ADHÉRENS

(*Accessories*)

Art. 5o. Un délit étant la commission d'un acte défendu ou l'omission d'un acte prescrit par la loi sous des peines respectivement déterminées, celui-là est principal délinquant qui commet l'acte défendu ou omet l'acte prescrit par la loi.

Art. 51. Si l'acte ainsi défendu est commis par plusieurs individus, ils sont tous principaux délinquans: il en est de même dans le cas d'omission.

Art. 52. Lorsque l'acte constituant le délit, se commet par une ou plusieurs personnes, et que pendant son exécution, d'autres individus sont présens, et connaissant l'intention illégale de ces personnes, les aident par action, encouragement, gestes ou paroles; ou si, sans être présens à l'acte, ils veillent pour avertir les délinquans de l'approche de quelqu'un qui pourrait interrompre 'exécution du délit ou s'emploient à procurer des secours d'armes ou d'instrumens pour aider à l'exécution de l'acte qui se commet, ou prennent, pendant la commission du délit, quelques mesures ou quelques moyens quelconques, pour la sûreté ou pour la retraite des personnes qui l'ont commis, ou de celles qui les ont aidées dans l'exécution : tous lesdits individus sont principaux délinquans, et peuvent être poursuivis et condamnés comme tels.

Art. 53. Lorsqu'un délit est commis par des moyens secondaires, qui n'exigent l'action immédiate d'aucune

personne qui puisse être considérée comme principal délinquant, celui qui aurait préparé et employé ces moyens
secondaires, est principal délinquant, encore qu'il ne fût
pas présent, quand les moyens qu'il aurait ainsi disposés
produiraient leur effet.

Art. 54. Ceux-là sont aussi principaux, qui, ayant conseillé un délit ou consenti à sa commission, se trouvent
présens à l'exécution dudit délit, soit qu'ils y coopèrent
ou non.

Art. 55. Il peut y avoir des complices et des adhérens,
dans tous les cas de délit.

Art. 56. Il ne peut y avoir de complices ni d'adhérens,
là où il n'existe point de délit.

Art. 57. Les complices sont : 1° ceux qui, sans être
présens à la commission d'un délit, ont avant son exécution verbalement ou par écrit, engagé, excité, encouragé un autre à le commettre. 2° Ceux qui promettent au
principal délinquant de l'aider dans la commission d'un délit encore qu'ils ne l'aient point aidé en effet. 3° Ceux qui
promettent de l'argent, une place, une faveur publique
ou tout autre avantage ; ou qui menacent de quelque injure ou diminution de faveur dans la vue d'induire la
personne ainsi flattée ou menacée, à la commission d'un
délit. 4° Ceux qui préparent ou fournissent des armes,
instrumens, hommes, argent, secours quelconques ; ou
qui, avant la commission du délit, font des démarches
pour en faciliter l'exécution.

Art. 58. Nul ne sera condamné comme complice d'un
délit, que celui qui l'aura conseillé, ou encouragé par
quelqu'un des moyens spécifiés au précédent article :

mais il ne sera pas nécessaire, pour établir sa culpabilité, que ses conseils aient été strictement suivis. Il suffira que le délit commis, soit de même nature ou pour le même objet que celui qui aurait été conseillé ou encouragé.

Art. 59. Si, dans la tentative de commettre un délit, le principal délinquant se rend coupable d'une autre offense par erreur ou par accident, ainsi qu'il est expliqué dans l'article trente-sixième de ce livre, ses complices, dans le délit prémédité, seront considérés comme complices de l'acte réellement commis, et punis de la même manière que le principal.

Art. 60. Si le principal délinquant est âgé de moins de quinze ans (soit qu'on le juge ou non assez intelligent pour avoir connu la nature et l'illégalité de l'acte), et qu'il ait eu pour complice, une personne majeure ; la punition d'un tel complice sera accrue de moitié, et seulement d'un quart, si le principal délinquant est un mineur au-dessus de quinze ans.

Art. 61. Dans tous les autres cas, les complices subiront la même peine que le principal accusé.

Art. 62. Les adhérens (*accessories*) sont ceux qui, instruits qu'un délit a été commis, cachent le délinquant ou lui prêtent tout autre secours pour prévenir son arrestation, son jugement ou l'exécution de sa sentence : mais ceux qui aideraient l'accusé à préparer ou à produire ses moyens de défense, qui lui procureraient un cautionnement, dût-il se cacher ou s'évader ensuite, ne seront point considérés comme adhérens.

Art. 63. Les personnes suivantes né doivent point être punies comme adhérens, savoir :

1° Le mari ou la femme de l'accusé.

2° Les parens par alliance ou par consanguinité, en ligne ascendante.

3° Les frères ou sœurs.

4° Les serviteurs domestiques.

Art. 64. Les adhérens seront punis d'amende ou de simple emprisonnement, de la manière déterminée dans le livre de ce code.

Art. 65. Les complices peuvent être arrêtés, jugés et punis avant la condamnation du principal délinquant, et l'acquit de ce dernier n'empêchera pas la poursuite de ses complices: mais dans le jugement de tels complices, la commission du délit doit être clairement prouvée, sans quoi lesdits complices ne pourront pas être condamnés.

Art. 66. Les adhérens peuvent être arrêtés, mais non jugés sans leur consentement, avant la condamnation du principal accusé, et l'acquit du dernier décharge l'adhérent.

LIVRE IV.

~~~~~~

CHAPITRE X.

DE L'ACTE D'HABEAS CORPUS.

———◦———

DÉFINITION ET FORME DE CET ACTE.

Art. 1er L'*habeas corpus* est un ordre écrit, émis au nom de l'État par un juge ou une cour de juridiction compétente, signifié à un individu quelconque, ayant une personne sous sa garde ou en son pouvoir, et commandant audit individu de produire ladite personne en tel temps et en tel lieu, et de déduire les raisons pour lesquelles elle est détenue ou restreinte.

Art. 2. L'ordre d'*habeas corpus* devra être, autant que les circonstances le permettront, dans la forme suivante :

L'État de la Louisiane à A. B.

Il vous est ordonné de produire C. D. qui est dit être sous votre garde ou en votre pouvoir, devant E. F. juge de (désignant l'office du juge qui émet l'ordre ou le ti-

tre de la cour, s'il est émis par une cour) le jour de.......
à...... heure avant ou après midi (selon le cas) dudit jour,
à (telle place) et là, de déduire par écrit le motif de la
détention de ladite personne et d'exhiber le titre qui vous
autorise à la détenir ; faute de quoi, vous encourrez les
fortes condamnations prononcées par la loi, contre ceux
qui désobéissent à cet ordre. E. F. juge de...... ou G. H.
greffier de la Cour de.....,.

Art. 3. L'ordre d'*habeas corpus*, s'il est émis par un
juge, doit être signé par lui ; et s'il est émis par une cour,
il sera signé par le greffier, et scellé du sceau de ladite
cour.

Art. 4. La procédure, en vertu de cet ordre, est considérée comme la sauve-garde la plus efficace de la liberté
individuelle, contre les attentats de l'oppression publique
ou particulière : il est en conséquence déclaré que, dans
tous les cas où il s'éleverait quelque doute sur l'interprétation de quelqu'une des dispositions de ce chapitre,
il lui sera donné le sens le plus favorable aux réclama-
tions de la personne qui y a recours, et celui qui donne
le plus d'extension aux moyens de protection institués
par cet acte contre toute oppression illégale.

Art. 5. Aucun défaut de forme dans l'acte d'*habeas
corpus*, ne peut être une excuse pour y désobéir. Il est
obligatoire, 1° Si la personne à laquelle il est signifié, y
est désignée par son titre officiel (si elle en a un), ou par
tel nom ou signalement qui puisse faire comprendre à
tout homme d'une intelligence ordinaire, quelle est la
personne indiquée : et nul individu ayant en effet sous sa
garde, la personne à produire, ou exerçant sur elle une
contrainte, ne peut, si l'ordre lui est présenté, se dispenser

d'y obéir, lui fût-il adressé sous un nom incorrect, sous un signalement inexact; fût-il même adressé à un autre. 2° Si la personne réclamée y est désignée par son nom ou par son signalement, si le nom est inconnu ou incertain, de manière qu'une intelligence ordinaire suffise pour faire comprendre quelle est la personne qui doit être produite. Le nom et le titre du juge ou celui du tribunal par qui l'ordre est émis, peuvent être insérés dans le corps même de l'ordre ou souscrits au bas, pourvu qu'ils constatent suffisamment l'autorité d'émettre de pareils ordres. Si le temps du rapport à faire (*of making the return*) n'y est point fixé, l'ordre sera exécuté sans délai; si le lieu n'y est pas désigné, l'ordre s'exécutera en faisant le rapport (*return*) au domicile du juge ou au lieu ordinaire des séances de la cour, quelle qu'elle soit, qui a émis l'ordre.

Art. 6. L'insertion dans l'ordre, de mots autres que ceux contenus dans la formule précédente, non plus que l'omission de certains mots y contenus, ne pourront vicier ledit ordre, pourvu que les parties essentielles détaillées dans la présente section y soient conservées.

SECTION II.

A QUI IL APPARTIENT D'ÉMETTRE DES ORDRES D'HABEAS CORPUS; DANS QUEL CAS ET DE QUELLE MANIÈRE ILS PEUVENT ÊTRE OBTENUS.

Art. 7. Les cours de districts et la cour criminelle, telles qu'elles sont actuellement établies; toutes les cours qui pourront être dans la suite instituées avec juridiction, en matière civile, au dessus de trois cents piastres; ou en matière criminelle, au-dessus d'une année d'emprisonnement aux travaux de force, ainsi que les juges desdites cours, auront le pouvoir d'émettre des ordres d'*habeas corpus*, adressés à quelque personne que ce soit, dans leurs districts respectifs.

Art. 8. Lorsqu'un juge de district est absent, intéressé en cause, ou incapable d'exercer, par un motif quelconque, et qu'il n'existe point de cour criminelle dans le même district, l'ordre d'*habeas corpus* peut être émis par un juge d'autorité compétente, d'un des districts limitrophes, pourvu que l'absence, l'intérêt en cause, ou l'incapacité d'agir du juge dans le district duquel l'emprisonnement illégal est dit exister, soient prouvés par serment du demandeur, ou par tout autre témoignage suffisant.

Art. 9. L'ordre d'*habeas corpus* peut être obtenu par pétition signée, soit par la personne détenue elle-même, soit par une autre en son nom, et adressée à un juge ou à une cour, ayant autorité pour émettre de pareils ordres : la pétition doit exposer en substance :

1° Que la personne est illégalement emprisonnée ou restreinte dans l'exercice de sa liberté, et par qui, nommant les deux parties, ou les signalant, si leurs noms sont inconnus.

2° Si la détention ou contrainte est exercée en vertu ou sous le prétexte d'un acte judiciaire, ordre, mandat ou procédure; et dans ce cas il en serait joint copie à la pétition, ou une attestation que la copie a été requise et refusée.

3° Si la détention ou contrainte est exercée en vertu

d'un acte judiciaire, régulier dans la forme, mais obtenu ou exécuté illégalement, la pétition établira en quoi consiste cette illégalité.

4° Si la détention ou contrainte n'est appuyée d'aucun acte judiciaire, la pétition statuera simplement que la personne est illégalement détenue ou restreinte.

5° La pétition doit contenir une requête pour obtenir un ordre d'*habeas corpus*.

6° Enfin, elle doit être assermentée, quant à la vérité des faits y exposés, au moins d'après la croyance de l'exposant.

Art. 10. Toute cour et tout juge autorisé à émettre des ordres d'*habeas corpus*, devra, à la réception de semblables pétitions, accorder sans délai, l'ordre demandé, à moins qu'il n'apparaisse, d'après la pétition elle-même, ou d'après les documens y annexés, que la personne concernée ne peut être acquittée ni cautionnée ni secourue en aucune autre manière.

Art. 11. Un ordre d'*habeas corpus* est émis par un juge sous sa simple signature; il est émis par une cour sous la signature du greffier et le sceau de ladite cour.

Art. 12. Toutes les fois qu'une cour ou un juge, dûment autorisés, auront connaissance ou quelque raison de croire qu'il existe dans leur district une personne illégalement détenue ou restreinte dans l'exercice de sa liberté, ils devront émettre un ordre d'*habeas corpus* pour la délivrer, encore qu'il n'y eût ni pétition ni réclamation à cet effet.

Art. 13. Lorsqu'il paraîtra par la déclaration sous serment d'un témoin digne de foi, ou par quelqu'autre preuve satisfaisante, qu'une personne est illégalement détenue ou restreinte, et qu'il y aura lieu de craindre qu'elle ne soit transportée hors de l'État, ou ne souffre quelque injure irréparable avant de pouvoir être secourue en suivant le cours ordinaire de la loi, ou dans les cas de désobéissance à un ordre d'*habeas corpus*, toute cour ou juge ayant autorité pour émettre de pareils ordres, lancera un mandat adressé à un schériff, à un officier exécutif de justice, ou à toute autre personne qui se chargera de l'exécuter, lui ordonnant de prendre le prisonnier ainsi illégalement détenu et de l'amener devant tel juge, pour être traité conformément à la loi.

Art. 14. Lorsque la preuve mentionnée dans le précédent article est suffisante pour justifier l'arrêt de la personne qui en détiendrait une autre, en violation des dispositions de ce Code en faveur de la liberté personnelle, le juge peut ajouter au mandat d'amener un mandat d'arrêt contre le détenteur, pour ladite offense, et ce dernier sera conduit devant le juge; et, après examen, emprisonné ou mis sous cautionnement, suivant les dispositions prescrites dans le chapitre de ce Code relatif aux arrêts.

Art. 15. Tout officier ou autre personne chargée de l'ordre mentionné dans les trois précédens articles, l'exécutera en amenant la personne détenue (et celle qui la détient si l'ordre le prescrit), devant le juge ou la cour qui aura émis ledit ordre, et qui s'enquerra des motifs de la détention ou contrainte exercée, et acquittera ladite personne, la mettra sous cautionnement, ou la renverra en prison, suivant les instructions contenues dans ce chapitre, et relatif aux rapports (*returns*) des ordres d'*habeas corpus*.

Art. 16. La personne chargée de l'ordre mentionné dans les trois articles immédiatement précédens sera, dans l'exécution dudit ordre, autorisée aux mêmes actes et astreinte aux mêmes devoirs spécifiés dans le chapitre relatif à l'exécution des mandats d'arrêt, à cette différence près, que l'ordre dont il s'agit est exécutable dans toute paroisse de cet État où aurait pu être conduite la personne pour la protection de laquelle il aurait été émis, sans la formalité d'endossement requise dans les cas d'arrêt.

Art. 17. Aucuns frais ni émolumens quelconques ne seront reçus par le juge, greffier, ou autre officier pour l'émission ou l'exécution d'aucun ordre d'*habeas corpus*, seulement l'offre de paiement (à raison de soixante-quinze cents par mille) des frais de conduite du prisonnier devant le juge ou la cour, sera faite à la personne qui l'aura amené, à moins que le juge qui a émis l'ordre ne soit convaincu de l'impossibilité où se trouve le prisonnier de payer cette dépense ; alors il inscrira au dos de l'ordre une réquisition à la personne ayant charge du prisonnier, de faire les avances nécessaires, et ledit juge, au rapport (*return*) de l'ordre, fera payer lesdites dépenses par les deux parties, par l'État, ou par la paroisse, suivant que le comporteront les circonstances du cas.

Art. 18. Dans tout ce qui n'est pas défendu par la loi, chacun a le droit de disposer de sa personne, libre du contrôle de tout autre individu. Lorsque ce droit est envahi, en retenant une personne contre son gré, dans certaines limites, soit par menaces, ou crainte de quelque injure ; soit par des liens, ou autres obstacles physiques ou matériels, la personne est dite confinée, ou emprisonnée, ou sous la garde de l'individu qui la détient. On dit aussi qu'une personne est sous la garde d'une autre, lorsque sans être confinée dans certaines limites, elle est néanmoins influencée dans ses actions, par des menaces qui l'obligent d'aller ou de rester, selon qu'on la dirige.

Lorsqu'il n'existe point de pareille détention dans certaines limites, mais une usurpation d'autorité exercée sur les actions en général, et sans le consentement d'une personne, cette personne est dite *restreinte* par l'individu exerçant cette autorité. Dans tous les cas où il existerait quelque emprisonnement, détention, surveillance ou contrainte, exercés sans autorisation d'une loi positive, ou qui le seraient d'une manière, ou à un dégré non-autorisé par la loi, la partie grevée peut être secourue par un ordre d'*habeas corpus*.

Art. 19. Lorsqu'un individu se disant libre sera tenu en esclavage, il pourra être secouru par l'*habeas corpus*, et sa délivrance sera une preuve suffisante de sa liberté, contre la personne qui le réclame comme son esclave, à moins que celle-ci, dans les dix jours qui suivront la décharge, n'intente une action civile, dans laquelle elle obtienne la séquestration de l'individu ainsi déchargé (en fournissant les sûretés requises par la loi dans les cas de séquestre) et ne produise telles preuves de sa propriété que le juge de la cour qui aura pris connaissance de la cause, reste convaincu que le défendeur est esclave, et que le demandeur a droit d'exiger son service; mais à moins que ladite action civile ne soit instituée dans les dix jours susmentionnés, la partie qui retient l'individu en

esclavage, sera pour jamais déboutée de toute préten-
tion sur les services de l'individu ainsi déchargé; et dans le
jugement de la cause intentée, comme il est dit ci-dessus,
la délivrance sera considérée comme faisant une telle
présomption de la liberté de la personne déchargée, que
la personne réclamant l'individu comme sa propriété,
sera tenue d'en faire elle-même la preuve.

SECTION III.

SIGNIFICATION ET RAPPORT DE L'ORDRE D'HABEAS CORPUS.

Art. 20. Cet ordre est signifié en remettant l'original à
la personne à qui il est adressé, ou à celle sous la garde ou
autorité de qui se trouve l'individu en faveur duquel l'ordre a été émis. Si le détenteur refuse de le recevoir, il sera
informé verbalement de la teneur de l'ordre; s'il se cache
ou s'il refuse entrée à la personne chargée de l'exécution,
l'ordre sera extérieurement affiché dans un lieu apparent
de sa demeure ou de l'endroit où la partie est détenue.

Art. 21. Toute personne libre et habile à témoigner,
peut signifier cet ordre.

Art. 22. La signification est prouvée par la déclaration
écrite et assermentée de la personne qui en a été chargée.

Art. 23. Il est du devoir de la personne à qui un ordre
d'*habeas corpus* est signifié (soit qu'il lui soit adressé ou
non), d'y obéir et d'y répondre sans délai.

Art. 24. Le rapport se fait en produisant, conformément à l'ordre, la personne y désignée, si elle est sous
la garde, l'autorité ou la contrainte du signifié, et en

écrivant au dos de l'ordre ou y annexant un **rapport** qui doit statuer clairement et sans équivoque,

1° S'il a ou non la personne sous sa garde, son pouvoir, ou son autorité.

2° En vertu de quel titre ou par quel motif il l'a arrêtée ou détenue.

3° S'il a eu la personne sous sa garde, son pouvoir, ou son autorité dans le cours des dix jours qui ont précédé la date de l'ordre, et qu'il ait transféré à un autre cette garde ou cette autorité; il devra détailler à qui, quand, pour quel motif, et de quel droit il a fait ce transfert.

4° S'il a la personne en sa garde ou détention, en vertu de quelqu'ordre, mandat, ou autre titre écrit, ce document devra être annexé au rapport.

Art. 25. Le rapport doit être signé et attesté sous serment, par la personne qui le fait.

Art. 26. Lorsqu'un ordre d'*habeas corpus* aura été obtenu pour une personne détenue en vertu de jugement, sentence ou arrêt définitif de quelque tribunal compétent en matière civile ou criminelle, l'officier qui a sous sa garde ladite personne, ne sera pas tenu de la produire, à moins que l'ordre ne le lui commande expressément, nonobstant tout jugement définitif, comme il est ci-après expliqué; mais il suffira que le rapport écrit mentionne l'ordre ou jugement en vertu duquel la personne est détenue, pourvu néanmoins que, dans le cas où pour quelque motif, établi par la déclaration qui a provoqué l'ordre d'*habeas corpus*, ou résultant du rapport, il pourrait être légalement accordé quelque allégement au prisonnier, le juge puisse ordonner la production de détenu,

nonobstant tous jugemens ou arrêts définitifs, et lui accorder le soulagement auquel il aurait droit.

Art. 27. Le rapport d'un ordre d'*habeas corpus* doit
être fait dans les douze heures de sa signification, ou
plus tôt si l'ordre le requiert, et que la partie pour l'avantage de laquelle il est émis, se trouve à une distance n'excédant pas douze milles du lieu où doit se faire le rapport.
Si la distance est plus considérable, il sera accordé un
jour par vingt milles de route qu'aurait à faire le porteur
du rapport, ainsi proportionnellement pour un plus ou
moins grand éloignement.

SECTION IV.

MODE DE CONTRAINDRE AU RAPPORT.

Art. 28. Lorsqu'il est prouvé au juge ou à la cour qui
a émis un ordre d'*habeas corpus*, qu'il a été dûment signifié, si la personne qui en est l'objet n'est pas produite
dans le délai fixé par le présent chapitre, le juge ou un
des juges de la cour de qui émane l'ordre, lancera un
mandat adressé à un officier exécutif de justice, ou autre
personne qui voudra se charger de l'exécuter, lui ordonnant de s'emparer de l'individu qui a désobéi à l'ordre
d'*habeas corpus*, et de le conduire devant le juge ou la
cour qui a lancé le mandat, pour être traité conformément
à la loi ; et si, conduit devant le juge ou la cour, il s'obstine
à ne point faire le rapport requis, et ne produit point
le prisonnier dans le cas où il y est tenu par les dispositions de ce chapitre, il sera emprisonné, et restera détenu jusqu'à ce que l'ordre ait ressorti son effet, et jusqu'à

ce qu'il ait payé tous les frais du procès; il sera en outre sujet aux peines prononcées par la loi pour désobéissance audit ordre, et pour autres offenses contre la liberté personnelle, desquelles il se serait rendu coupable dans l'emprisonnement ou détention dénoncée.

Art. 29. Dans le cas prévu par l'article précédent, la personne intéressée à être secourue par l'*habeas corpus*, sera conduite de la manière prescrite par l'article   de cette section.

Art. 30. Lorsque pour cause d'infirmité ou de maladie de la personne qui doit être produite, elle ne peut, sans danger pour sa vie, être conduite devant le juge, la partie qui la tient sous sa garde doit statuer le fait dans son rapport de l'ordre, et si le fait est constaté par le certificat d'un médecin régulièrement admis à exercer, par la déclaration de deux témoins et par la signature du prisonnier lui-même, s'il peut écrire, alors le juge admettra la vérité de l'exposé; et si le rapport est d'ailleurs régulier, il suffira sans production de la personne : le juge alors pourra, s'il pense que la justice le requierre, se transporter au lieu où le prisonnier est détenu, ou procéder comme dans les cas ordinaires, d'après le rapport.

Art. 31. La mort du prisonnier, ou un accident inévitable et de force majeure seront, dans un rapport, des excuses valables pour la non-présentation de la personne, pourvu que ces faits soient prouvés à la parfaite satisfaction du juge qui aura émis l'ordre; mais ces faits, ainsi que les autres raisons exposées dans un rapport seront discutés, comme il est ci-après expliqué.

Art. 32. Lorsqu'un détenu meurt durant son emprisonnement, il est du devoir de la personne sous la garde de qui il se trouvait au moment de sa mort, d'en donner avis sans délai au coroner de la paroisse, ou s'il est absent ou hors d'état de se rendre sur les lieux, à un juge de paix qui convoquera un jury d'habitans de ladite paroisse, au nombre de neuf personnes au moins et de treize au plus. Ce jury examinera le corps, et après avoir prêté serment, s'enquerra des causes et des circonstances de sa mort. Ledit jury devra, dans tous les cas, faire visiter le corps par un médecin ou chirurgien dûment admis, et prendre sa déclaration sous serment, ainsi que celles des autres personnes qu'il appellerait comme témoins. Le coroner ou le juge de paix pourront faire citer des témoins, et s'ils ne comparaissent, les y contraindre par *mandats d'amener*. Le jury ou la majorité de ses membres devra dresser et signer une enquête ou certificat statuant qu'il a examiné des témoins, et qu'il est convaincu que le corps qui lui a été produit est celui de telle personne (la nommant), et spécifiant son genre de mort. Cette enquête sera remise à la personne qui avait sous sa garde le prisonnier décédé, au moment de sa mort, à moins qu'il ne résultât de l'enquête, que la mort dudit prisonnier eût été causée par un crime, dans lequel cas le coroner ou le juge de paix enverra ladite enquête à la cour compétente, pour connaître du crime, et lancera immédiatement un mandat d'arrêt et d'emprisonnement contre la partie que l'enquête désignerait comme coupable. Toutes les fois que la mort d'une personne sera présentée dans un rapport d'ordre d'*habeas corpus*, comme une raison pour ne pas la produire, l'enquête prouvant le décès, sera annexée au rapport.

SECTION V.

MODE DE PROCÉDER SUR LE RAPPORT.

Art. 33. La cour ou le juge devant qui un prisonnier
est conduit, en conséquence d'un ordre d'*habeas corpus*,
examinera le rapport et les documens, s'il y en a, auxquels il se réfère; et s'il ne trouve aucune cause légale
d'emprisonnement ou de contrainte, ou qu'il paraisse
que, quoique légalement emprisonné, le détenu n'a pas
été poursuivi, jugé et condamné dans le délai expressément exigé au, ou que, pour autres raisons, l'emprisonnement ou contrainte ne peut être continué, il délivrera
la personne de la détention ou de la contrainte dans
laquelle elle était retenue.

Art. 34. S'il paraît que la partie a été légalement emprisonnée pour un délit, admettant de droit le cautionnement, ou qu'il résulte des témoignages annexés au rapport, qu'elle est coupable d'un délit de ce genre, encore
que l'ordre d'emprisonnement fût irrégulier ou qu'il n'en
existât point, le juge recevra la partie à cautionnement,
si la caution qu'elle offre est valide.

Art. 35. Dans les cas pour lesquels le cautionnement
n'est point admis de droit, le juge est revêtu d'un pouvoir discrétionnaire auquel est attachée une grande responsabilité. Il est indispensable de laisser à sa sagacité
et à sa prudence à distinguer entre de fortes présomptions qui rendent la culpabilité probable à un haut degré, et celles qui sont trop légères pour justifier un emprisonnement préalable. Ce n'est que dans ces cas de

présomptions trop légères, que le juge peut admettre la partie au cautionnement: au reste ce pouvoir discrétionnaire ne peut s'exercer nullement,

1° Lorsque le crime a été volontairement confessé devant un magistrat.

2° Lorsqu'il est directement et positivement imputé sous serment, par un témoin digne de foi, présent à l'acte.

3° Lorsqu'un grand jury a sanctionné un acte d'accusation pour un crime qui n'admet pas de plein droit le cautionnement.

Art. 36. Si la partie ne peut être ni acquittée ni admise au cautionnement, le juge doit la mettre sous la garde ou la contrainte d'où il l'a tirée, si cette garde ou contrainte est légale, ou la confier à la garde ou au pouvoir de telle personne qui, par la loi de l'État, est autorisée à se charger de sa détention.

Art. 37. Si le juge ne peut immédiatement décider le cas, il doit en attendant qu'il prononce le jugement à donner sur le rapport, placer la personne sous la garde du schériff de la paroisse où le rapport a été fait, ou la confier aux soins et à la surveillance que peuvent exiger son âge ou d'autres circonstances.

Art. 38. S'il paraît par le rapport que la personne est détenue en vertu d'un ordre d'emprisonnement informe et nul, et qu'il résulte en même temps des documens qui ont provoqué ledit ordre ou d'autres preuves qu'il y a eu juste cause d'emprisonnement, le prisonnier ne sera point élargi, mais le juge ou la cour devant qui il aura été conduit l'emprisonnera pour jugement, ou l'admettra au cautionnement dans les cas où, d'après la loi, il pourra être cautionné.

Art. 39. Afin que le juge devant lequel est fait le rapport sur un ordre d'*habeas corpus*, puisse remplir les devoirs qui lui sont prescrits par la précédente section, l'officier ayant sous sa garde, pour cause de délit, une personne qui obtiendrait un ordre d'*habeas corpus*, doit notifier ledit ordre au magistrat qui a commandé l'emprisonnement (ou au greffier de la cour, à qui les papiers y relatifs auraient été remis), il sera du devoir du magistrat ou greffier, de se rendre à l'heure et au lieu où doit être fait le rapport, et de donner au juge ou à la cour qui le reçoit, communication de toutes les preuves et pièces relatives audit emprisonnement ; et si le magistrat ou le greffier négligent de se rendre, le juge ou la cour, sur la preuve que la notification requise par cet article a été faite, est autorisé à les contraindre de comparaître par un mandat d'arrêt, et la personne ainsi arrêtée sera détenue jusqu'à ce qu'elle ait rempli le devoir prescrit par le présent article.

Art. 40. S'il paraît par le rapport, que la personne qui sollicite son acquit, est détenue pour quelque action civile, ou que quelque tierce personne a intérêt à ce que le prisonnier soit détenu ou restreint, aucun ordre ne sera émis pour sa délivrance, jusqu'à ce que le demandeur dans l'action civile, ou la personne intéressée, ou leur procureur, ou agent, s'il en existe à une distance n'excédant pas vingt milles, aient été convenablement avertis de l'émission et du rapport de l'ordre d'*habeas corpus*.

Art. 41. La partie produite devant le juge, avec le

rapport de l'ordre de l'*habeas corpus*, peut nier les faits matériels, avancés dans ledit rapport, ou produire elle-même des faits pour démontrer que son emprisonnement ou détention est illégal, ou pour prouver qu'il a droit à être acquitté. Ces dénégations et allégations doivent être sous serment; et le juge procédera, en conséquence, à l'audition des témoins et des débats, tant dans la cause de la personne intéressée civilement, s'il en existe, que dans celle du prisonnier et de la personne qui en a la garde, et disposera dudit prisonnier suivant l'exigeance du cas.

Art. 42. S'il paraît, par le rapport, que le prisonnier est détenu en vertu d'un acte de quelque cour, légalement instituée, il ne peut être déchargé que dans une des hypothèses suivantes :

1° Si la cour a excédé les limites de sa juridiction par rapport à la matière, au lieu, à la somme ou à la personne.

2° Si, quoique l'emprisonnement fût légal dans l'origine, il est survenu postérieurement quelque acte, omission ou événement qui donnent, à la partie, un titre à sa liberté.

3° Si la procédure est défectueuse en quelque point essentiel de forme requis par la loi.

4° Si l'acte, quoique régulier dans la forme, a été émis dans un cas ou dans des circonstances où la loi ne permet pas l'émission d'ordres d'emprisonnement ou d'arrêt.

5° Si, quoiqu'en due forme, l'acte a été émis ou exécuté par une personne non autorisée ou indûment autorisée à émettre ou à exécuter ledit acte, ou si la personne qui a le prisonnier sous sa garde n'est point celle autorisée par la loi à le détenir.

6° Si l'ordre paraît avoir été surpris sur un faux exposé ou obtenu par corruption.

7° S'il n'y a dans le cas d'action civile aucune loi générale, aucuns jugemens, ordres ou sentences; et dans le cas d'action criminelle, aucune condamnation qui autorise l'acte.

Hors ces cas d'exception, aucun juge, aucune cour ne doit ni ne peut discuter la légalité ou la justice d'aucun jugement, ordre ou sentence rendus par une cour légalement instituée; et dans tous les cas où il paraîtra une cause légale, suffisante pour autoriser l'emprisonnement de la personne pour délit, encore que l'ordre fût informe, l'autorité insuffisante, l'exécution incompétente, le juge émettra un nouvel ordre d'emprisonnement, en due forme, et l'adressera à la personne convenable.

Art. 43. L'acquit prononcé par un juge ou par une cour, sur le rapport d'un *habeas corpus*, n'a d'autre effet que de remettre le prisonnier en liberté, et de le garantir de tout futur emprisonnement pour la même cause. Il ne conclut rien par rapport aux droits civils, excepté pour ce qui concerne les individus réclamés comme esclaves, dont le cas est spécialement expliqué dans ce livre.

Art. 44. Aucun individu acquitté par un juge ou une cour, sur le rapport d'un *habeas corpus*, ne sera emprisonné, détenu ou restreint, pour la même cause, à moins qu'il ne soit subséquemment accusé par le grand jury; mais la cause ne sera pas réputée la même,

1° Si après un acquit par défaut de preuve, ou pour vice matériel dans l'ordre d'emprisonnement, en ma

tière criminelle, la personne est arrêtée de nouveau sur
une preuve suffisante, et emprisonnée régulièrement
pour la même offense.

2° Si, en matière civile, le prisonnier a été déchargé
pour illégalité dans le jugement ou dans la procédure,
il peut ensuite être emprisonné légalement pour la même
cause d'action.

3° Généralement, toutes les fois que l'acquit ou décharge aura été prononcé pour cause d'inobservance
de quelque forme requise par la loi, la partie peut être
emprisonnée derechef, si la cause est légitime et les
formes voulues observées.

Art. 45. Lorsqu'un juge, autorisé à émettre des ordres
d'*habeas corpus*, sera informé qu'une personne légalement détenue, pour une accusation de délit, est atteinte
d'une maladie ou infirmité, qui, sous danger de la vie,
exige un déplacement, le juge peut ordonner ce déplacement, moyennant que le prisonnier fournisse deux
cautions, pour telle somme que le juge déterminera, en
garantie de sa rentrée sous la même garde, aussitôt qu'il
en sera requis; et dans le cas où le prisonnier serait manifestement hors d'état de fournir un pareil cautionnement, le juge peut le placer sous la garde d'un officier
exécutif de justice, dont le devoir sera de surveiller le
prisonnier dans le lieu où il serait transporté, afin de
prévenir son évasion, pourvu que le fait de la maladie,
et la nécessité du déplacement soient attestés sous serment par deux médecins ou chirurgiens, dûment admis
à exercer, et que le médecin, qui sera chargé de soigner
le prisonnier, s'engage aussi, sous serment, à avertir un
magistrat, dès que dans son opinion le malade pourra,

sans danger, rentrer en prison; et le magistrat devra, à la réception de l'avis, émettre un ordre pour le transport de ladite personne au lieu de sa première détention.

SECTION VI.

DISPOSITIONS GÉNÉRALES.

Art. 46. Ne sont point comprises dans les dispositions de ce chapitre les personnes détenues pour des délits de la compétence exclusive des cours des États-Unis, ou par ordres, exécutions ou actes, émis par lesdites cours dans les cas soumis à leur juridiction; non plus que celles détenues en vertu d'un jugement légal, ou d'enrôlement dans l'armée, ou qui étant sujettes aux réglemens et articles de guerre, sont détenues par quelque agent de l'autorité légale, en vertu desdits réglemens, ou, enfin, celles qui sont détenues comme prisonniers de guerre, sous l'autorité des États-Unis.

Art. 47. Il n'y a d'ordre d'*habeas corpus*, reconnu par la loi de cet État, que celui décrit et institué dans ce chapitre. Les cours qui desireront faire présenter devant elles des prisonniers, dans l'objet d'une poursuite, d'un témoignage, ou dans tout autre que celui d'examiner la cause de leur emprisonnement, peuvent ordonner la production desdits prisonniers par un ordre de cour, enregistré dans leurs minutes, et certifié par l'officier chargé desdits prisonniers.

SECTION VII.

PEINES POUR INFRACTION DES DEVOIRS PRESCRITS PAR CE CHAPITRE.

Art. 48. Tout juge autorisé par ce chapitre à émettre des ordres d'*habeas corpus*, qui refuserait d'en accorder, lorsqu'ils lui seraient régulièrement demandés, pour des cas où de pareils ordres peuvent être légalement émis, qui en retarderait sans raison l'émission, ou qui, dans les cas où ils peuvent être émis, sans pétition préalable à cet effet, négligerait sciemment et à dessein, d'en émettre, ou sciemment et sans raison, en retarderait l'émission, paiera, pour chaque infraction une somme de deux mille piastres.

Art. 49. Tout juge ainsi autorisé, qui refuserait ou omettrait sciemment de remplir quelqu'un des autres devoirs qui lui sont imposés par ce chapitre, ou qui mettrait à les remplir des délais inutiles, et par là laisserait exister ou se prolonger des emprisonnemens illégaux, paiera une somme de mille piastres.

Art. 50. Tout officier exécutif de justice, auquel un ordre d'*habeas corpus*, ou tout autre ordre ou mandat autorisé par ce chapitre serait adressé, remis ou présenté, et qui refuserait de le signifier ou de l'exécuter comme il est expliqué dans ce chapitre, ou qui mettrait des délais inutiles dans leur signification ou leur exécution, paiera une somme de mille piastres.

Art. 51. Tout individu qui ayant sous sa garde, sa puissance, ou son contrôle, la personne en faveur de qui un acte d'*habeas corpus* est émis, et dans le dessein d'en éluder l'effet, placera ladite personne sous la garde, la puissance, ou le contrôle d'un autre, ou la cacherait ou changerait la place de sa détention, dans l'intention de la soustraire au bénéfice de l'ordre, ou tenterait de la transporter hors de l'État, paiera une somme de deux mille piastres, et pourra être emprisonné, aux travaux de force, pour un temps qui n'excédera pas cinq années et ne sera pas moindre d'une année.

Art. 52. Dans la poursuite des peines encourues et fixées par le précédent article, il ne sera pas nécessaire de prouver que l'ordre d'*habeas corpus* était émis à l'époque du déplacement, transport, ou disparition susmentionnés, s'il est d'ailleurs prouvé que les actes ici prohibés ont été commis dans l'intention d'éluder l'effet de l'ordre.

Art. 53. Tout individu qui aurait la personne en faveur de qui un ordre d'*habeas corpus* est émis, sous sa garde, son pouvoir, ou son contrôle, et qui, sans commettre aucun des actes déclarés punissables par le précédent article, négligerait ou refuserait, après avoir reçu une signification légale, de produire la personne, dans les cas où il y est tenu d'après les dispositions de ce chapitre, paiera une somme de mille piastres.

Art. 54. Toute personne à laquelle un ordre d'*habeas corpus* est adressé, ou est dûment signifié, qui refuserait ou négligerait d'en faire le rapport, de la manière expliquée dans la section de ce chapitre, paiera une somme de cinq cents piastres, quand même elle n'aurait pas la partie réclamée sous sa garde, son pouvoir ou son contrôle.

Art. 55. Tout shériff ou député-shériff, tout géolier ou coroner, ayant sous sa garde quelque personne emprisonnée en matière civile ou criminelle, par quelque cour ou magistrat que ce soit, et qui négligera de donner audit prisonnier copie de l'acte, ordre ou mandat d'emprisonnement en vertu duquel il est détenu, et ce dans les trois heures de la demande, paiera une somme de trois cents piastres.

Art. 56. Tout magistrat qui, sur l'avis d'émission d'un ordre d'*habeas corpus* en faveur d'une personne par lui emprisonnée pour délit, négligerait d'assister au rapport de l'ordre de la manière prescrite par le   article de la section de ce chapitre, paierera une somme de trois cents piastres, à moins qu'avant la réception de l'avis, il n'eût déjà remis les pièces relatives audit emprisonnement, au greffier de la cour qui doit connaître de l'affaire.

Art. 57. Tout individu qui, instruit qu'une personne a été acquittée par un ordre d'*habeas corpus* émis par un juge compétent, l'arrêterait ou la détiendrait de nouveau pour la même cause qui a fait la matière du rapport de l'ordre, en contravention aux dispositions de ce chapitre, paiera une somme de cinq cents piastres pour la première offense, et de quinze cents piastres pour la seconde.

Art. 58. Tout individu mâle, en état d'agir, habitant de cet État, âgé de plus de dix-huit ans, et de moins de cinquante, qui, étant légalement sommé à cet effet, refuserait de prêter main-forte à un officier exécutif de justice, ou à toute autre personne légalement autorisée à signifier ou à exécuter quelque acte, mandat ou ordre d'empri-

sonnement émis en vertu de ce chapitre, pour la signification ou l'exécution desdits actes, mandats ou ordres,
paiera une somme de cinquante piastres.

Art. 59. Toutes les sommes provenant des condamnations pour contravention à cette section seront appliquées
au profit de la partie en faveur de qui l'ordre d'*habeas
corpus* aurait été émis; elles seront poursuivies et recou-
vrées, ainsi que les frais, à la diligence de l'avocat-général ou des avocats de districts, au nom de l'état, et par
voie d'information, et le montant recouvré sera sans délai ni déduction, remis à la partie désignée par la loi.

Art. 60. Le recouvrement de ces condamnations n'exclut ni l'action civile pour dommage, ni la poursuite
criminelle pour tels actes ou omissions qui sont déclarés
délits par le   livre de ce Code.

A

L'HONORABLE SÉNAT

ET A LA

CHAMBRE DES REPRÉSENTANS

DE

L'ÉTAT DE LA LOUISIANE,

RÉUNIS

EN ASSEMBLÉE GÉNÉRALE *.

———•◦•———

Les juristes soussignés, chargés de la révision du Code civil, ont l'honneur de rapporter :

Que, pénétrés de l'importance du travail qui leur a été confié par l'Assemblée générale, ils ont procédé à son exécution avec toute la diligence qu'il leur a été possible d'y mettre; mais que l'ouvrage n'étant point fini, ils se croient obligés de vous informer des progrès qu'ils y ont faits, et de vous soumettre les idées qu'ils se sont formées de la nature et de l'étendue des devoirs que l'on s'attend à les voir remplir, afin que s'ils les ont mal con-

---

* Quoique ce rapport soit étranger à la législation criminelle, principal but de ce recueil, nous avons cru devoir le donner au public, pour faire connaître l'état des lumières et de la civilisation à la Louisiane.

12

çus en quelque chose, l'autorité sous laquelle ils agissent, puisse rectifier leur erreur.

En considérant ensemble les résolutions d'après lesquelles ils ont été nommés, et le rapport du comité qui
les a introduites, ils croient que le principal objet que la
Législature a eu en vue, a été de remédier à l'inconvénient que nous souffrons depuis long-temps, d'être obligés, dans beaucoup de cas, de chercher nos lois dans une
masse confuse d'anciens édits, d'ordonnances, de décisions imparfaitement rapportées, et d'opinions contradictoires de juristes; le tout rendu plus obscur par les
efforts pesans que les commentateurs ont faits pour les
expliquer; inconvénient augmenté encore par la circonstance que plusieurs de ces lois sont écrites dans des langues
qui ne sont pas généralement entendues par le peuple
dont les intérêts sont régis par ces lois. La Législature
du territoire a fait un grand pas vers la destruction de
ce mal, en adoptant le digeste des lois civiles, qui est
aujourd'hui en force. Cette mesure a été d'une haute importance, en ce qu'elle a établi l'ordre dans les différentes matières de droit qui y sont contenues, en ce
qu'elle a rendu inutiles en ces matières les références aux
autorités espagnoles et romaines, et en ce qu'elle a démontré la possibilité d'arriver à une réforme encore plus
complète. Mais cette disposition a été nécessairement insuffisante: n'ayant pas le caractère d'une œuvre législative
qui embrassât le corps entier des lois, les références à
celles qui existaient avant, devinrent inévitables dans tous
les cas (et il y en a beaucoup) qui ne se trouvaient pas
compris dans les dispositions du digeste.

L'idée de former un Code de lois qui pourvoirait à tous

les cas qui peuvent arriver, est une chimère. Les changemens continuels qui ont lieu dans l'état de la société,
les nouveaux besoins, les nouveaux rapports, les nouvelles découvertes qui se succèdent continuellement et
que l'on ne peut prévoir, ne permettraient pas de faire
des lois qui pussent les régir. Ainsi, quand même on trou-
verait des hommes capables d'établir des règles assez
précises et assez étendues pour embrasser tous les rapports présens, et pourvoir au gouvernement du temps
actuel, ces dispositions deviendraient à la longue aussi
peu convenables à nos descendans que les lois antiques
dont nous nous plaignons, le sont pour nous.

Mais quoique cette tâche ne nous ait pas été imposée
et n'eût pas même été susceptible d'exécution, nous
croyons qu'il est possible de former un digeste de lois
positives qui pourvoient à la plupart des cas qui peuvent arriver aujourd'hui, sauf à suppléer aux omissions,
à corriger les imperfections à mesure qu'elles se décou-
vriront, et à introduire des changemens quand les circonstances les auront rendus nécessaires.

La question qui a offert la plus grande difficulté, était
de savoir si, après avoir rassemblé dans le nouveau Code
toutes les matières qui se seraient présentées à notre esprit, nous recommanderions le rappel absolu de toutes les
lois préexistantes, ou si nous les laisserions demeurer
en force pour gouverner les décisions des tribunaux dans
les cas non-prévus; car après tous nos soins, il n'est pas
douteux qu'il s'en rencontrera encore beaucoup, et il
est nécessaire d'y pourvoir.

Dans d'autres pays où l'on a formé des digestes pour
éviter la nécessité de recourir à des lois anciennes, ob-

12.

scures et contradictoires, on a employé divers moyens
pour disposer de ces cas non-prévus. Sous les lois romaines
on en référait à l'Empereur, et ses décisions formaient
cette partie de leur jurisprudence qui est connue sous le
nom de rescrits : législation abusive qui défigure le plus
le corps du droit Romain. Indépendamment de l'injustice
manifeste de faire une loi pour un cas arrivé, la clause de
notre constitution qui défend le mélange des pouvoirs
législatif et judiciaire, ne nous permet pas de proposer
de référence semblable dans le plan que nous recom-
manderons.

L'Espagne qui, la première parmi les nations modernes, entreprit la formation d'un Code, défendit d'abord,
sous peine de mort, de citer devant ses tribunaux d'autres lois que celles du royaume; elle pourvut ensuite à ce
que tous les cas non prévus fussent laissés à la disposition du conseil du Roi. En 1713, il fut défendu de citer
les lois romaines dans les cours de justice; et en 1741,
il fut ordonné qu'on les étudiât dans toutes les univer-
sités du royaume. Au milieu de cette législation con-
tradictoire, le droit Romain fut toujours, de fait, invoqué
dans tous les cas où les lois et coutumes espagnoles gar-
daient le silence, et admis dans les tribunaux, non comme
le droit commun du pays, mais comme une doctrine que
les juges devaient respecter, quand elle n'était pas con-
tredite par les lois locales positives.

Dans le Code Napoléon, ce riche héritage que la république expirante a laissé à la France et au monde,
nous avons un système plus rapproché de la perfection
qu'aucun de ceux qui l'ont précédé. Il était évidemment
destiné par le génie étonnant qui le conçut et par les

savans juristes qui exécutèrent ce grand œuvre, à écarter toutes les autres lois du pays, et à servir seul de règle
dans les cas à venir; car la loi qui le proclame, déclare
qu'à dater du moment où il entre en vigueur, les lois romaines, les ordonnances, les coutumes générales ou locales, les statuts, les réglemens, cessent d'avoir force de
loi générale ou particulière dans les matières qui sont
l'objet des lois qui composent le Code. Les tribunaux, cependant, et les commentateurs, ne pouvant se résoudre
à abandonner les connaissances qu'ils avaient acquises
dans les lois précédentes, s'attachèrent aux débris de
l'ancien système, et le considèrent toujours comme leur
guide dans tous les cas auxquels les dispositions précises
du Code ne peuvent s'appliquer. C'est par ces raisons
que le Digeste espagnol a fait peu, et que le Code Français n'a pas fait autant qu'on s'y attendait, pour remédier à l'inconvénient des références continuelles aux lois
préexistantes.

Dans le cas présent, nous avons cru que notre premier devoir était de rassembler dans les différens Codes
que nous sommes chargés de préparer, toutes les règles
que nous jugerons nécessaires pour établir et définir les
droits des individus dans les rapports qu'ils ont entre eux,
pour donner force et effet aux différentes manières d'acquérir, de conserver et de transmettre la propriété, et
pour poursuivre la réparation civile des torts causés aux
personnes et aux biens. Ces règles, convenablement développées et distribuées, formeront le Code civil, le Code
de commerce, et le Code de procédure, que nous sommes chargés de soumettre à votre considération.

Dans l'exécution de cet ouvrage, nous respecterons les

principes sanctionnés par le temps et par les travaux des
grands législateurs. Les lois des Partidas et autres statuts
de l'Espagne, le Digeste actuel de nos propres lois, les
amples collections de la jurisprudence anglaise, les riches Codes français, sont autant de mines abondantes
où nous pouvons puiser, et lorsque leurs principes ne
s'accordent pas, et que nous aurons lieu d'hésiter, nous
aurons recours à cet oracle, auquel un éloquent auteur
dit que toutes les nations s'adressent encore, et dont
elles reçoivent toutes des réponses d'éternelle vérité :
nous consulterons ces inspirations de législation pro-
phétique, qui ont fait prévoir aux jurisconsultes romains presque tous les sujets de contention, et leur ont
fait établir des principes pour la décision de questions
qui ne pouvaient s'élever que dans un état de société
différent du leur, et des maximes applicables à toutes les
nations, à tous les temps, sous toutes les formes de
gouvernement.

Nous puiserons abondamment dans ces sources; mais
nous ne voudrions pas qu'on inférât de là que nous croyons
de notre devoir d'innover dans aucun cas, sauf ceux où
un changement sera requis par quelqu'inconvénient majeur, éprouvé ou prévu, ou par quelqu'incompatibilité
qui se rencontrerait entre quelqu'une des lois actuelles et
celles que nous aurons à vous soumettre. Lorsqu'il s'of-
frira quelque cas semblable, la crainte d'innover ne
nous empêchera pas de proposer les changemens que
nous croirons nécessaires pour que les différentes parties du plan soient en harmonie entre elles, et d'accord
avec les principes immuables de la justice. Au reste, nous
nous engageons à ne jamais introduire aucune innova-

tion, avant de l'avoir scrupuleusement examinée, et d'en
avoir pesé toutes les conséquences; et nous aurons soin,
dans tous les cas où cela sera possible, d'en faire l'em-
prunt dans quelque Code déjà soumis à l'expérience,
plutôt que de la tirer de notre propre fonds. Toutefois,
lorsque des causes locales, ou d'autres considérations
requerront l'établissement de quelque règle non éprou-
vée jusqu'ici, nous tâcherons de la mettre en concordance
avec l'esprit de la législation dont elle devra faire partie,
et de lui imprimer un caractère qui lui assure la même
stabilité.

Dans tous les cas où les matériaux de notre ouvrage
seront tirés de lois écrites, nous nous ferons un devoir
d'examiner les décisions qui auront été rendues d'après
elles, afin de fixer par des expressions positives les inter-
prétations contestées, d'expliquer les énonciations obscures qui ont embarrassé les tribunaux dans leurs décisions, de remédier au mal que ces décisions ont rendu
manifeste, de suppléer aux omissions que l'expérience a
fait découvrir, et de restreindre la jurisprudence des arrêts, lorsqu'elle a été au-delà de la lettre ou de l'intention
véritable de la loi.

Tels sont les principes qui nous guideront dans l'exécution du travail que nous avons entrepris, et les sources dont nous tirerons les matières qui composeront
l'ouvrage. Nous n'avons pas en vue, jusqu'à présent, de
faire aucun changement important à l'ordre et à la distribution des principales divisions de notre Code civil.
Quelques nouveaux titres et beaucoup d'articles addi-
tionnels y seront insérés, et le tout vous sera présenté
sous la forme d'un nouveau Code, où il sera pourvu à

tous les cas que nous pourrons prévoir, de manière à rendre aussi rare que possible, la nécessité de référer à d'autres autorités.

A quelle autorité faudra-t-il en référer dans ces cas imprévus ? Telle est la grande question, dont nous avons touché quelque chose au commencement de ce rapport, et dont il est de notre devoir de vous offrir la solution que nous avons adoptée, afin que, dans votre sagesse, vous puissiez la corriger si elle est erronée, ou la sanctionner de votre approbation si vous la trouvez juste.

Déterminer quel est le véritable sens de la loi, lorsqu'il est douteux, décider comment elle s'applique aux faits lorsqu'ils sont légalement prouvés, tel est l'office du juge. Il n'a de discrétion à exercer que dans les cas où il faut interpréter; dans tous les autres il n'en a point; il n'est que l'organe qui doit énoncer ce que l'autorité législative a décrété. Dans les cas auxquels il n'a point été pourvu par la loi, il ne peut ni la prononcer, ni l'expliquer, ni en faire l'application. Les gouvernemens qui requièrent plus du magistrat, ou lui permettent seulement d'aller au-delà, sont vicieux, parce qu'ils confondent les pouvoirs législatifs avec les devoirs judiciaires et permettent l'exercice de cette autorité mixte de la manière la plus abusive, en créant la règle après le fait auquel elle doit être appliquée. Ce vice est inhérent à la jurisprudence de toutes les nations gouvernées par des lois non écrites, ou par des règles qui n'existent que dans les décisions des tribunaux. Dans ces pays-là, en Angleterre, par exemple, lorsqu'un *précédent* ne peut être trouvé, il faut le faire; c'est-à-dire, en d'autres termes, que lorsque le juge ne peut trouver aucune loi qui s'applique au cas qu'il doit décider, il faut qu'il en fasse une. En même temps il faut qu'il évite prudemment de dire qu'il la crée. Bien qu'elle soit restée ensevelie dans le sommeil depuis le commencement des temps; bien qu'elle n'ait jamais été mentionnée par aucun juriste, ni appliquée par aucun juge; elle est, par une fiction légale, supposée avoir toujours existé; et du moment qu'elle paraît, et qu'on en fait l'application, elle obtient la vénération due à l'antiquité, et devient, sous le nom de *précédent*, un témoignage de sa préexistence et un guide pour les décisions futures. Là où le juge n'a pas la règle de sa conduite tracée par le pouvoir législatif, l'exercice irrégulier de sa propre autorité ne doit pas lui être imputé comme une faute: il tient à la nature des choses; car dans les affaires civiles il y a cette alternative inévitable, qu'il faut fournir au juge la règle, ou lui permettre de la faire lui-même. Dans la jurisprudence criminelle il n'y a d'autres délits que ceux qui sont déclarés tels par une loi positive, et partout où la loi se tait, le juge doit acquitter; mais dans les contestations sur les droits des individus, il faut qu'il décide entre les parties, et pour y parvenir il faut, s'il ne trouve pas de règle, qu'il en crée nécessairement une. Il est donc du devoir du législateur de prévenir cette nécessité; et pour cela il n'y a d'autre moyen que de pourvoir à autant de cas qu'on peut en prévoir, et d'indiquer au juge la source où il doit chercher la règle de sa conduite dans les autres.

Nous avons vu qu'en Angleterre cette source, dans les cas où il n'y avait ni *précédent*, ni autorité, était l'indéfinie et indéfinissable loi commune; et que là le juge puisait quelquefois, comme le lord Mansfield, dans la fontaine pure du droit civil, quelquefois dans les eaux bourbeuses des coutumes incertaines, et souvent dans son propre caprice; qu'en France, parce que le nouveau Code ne contenait aucune disposition sur ce sujet, on a été obligé d'aller chercher ces règles supplémentaires dans les décombres des anciennes ordonnances, des coutumes locales et des édits oubliés, et d'introduire, dans tous les cas non prévus, la confusion que l'objet du Code était de faire cesser.

Pour nous, dans l'exécution du travail qui nous est confié, nous avons cru que nous ne remplirions pas les vues de la législature, si nous ne parvenions pas à délivrer, dans tous les cas, vos tribunaux de la nécessité d'examiner les statuts, les ordonnances et les coutumes espagnoles, les commentaires latins, les ouvrages des juristes Français et Italiens, et les pesans volumes des annotateurs Hollandais et Flamands, avant de pouvoir prononcer d'après la loi, dans le doute mortifiant, surtout, que peut-être il existe dans quelque livre, qu'on ne peut se procurer ici, quelqu'autorité positive qui ferait voir que leur décision est illégale; si nous ne donnions pas à vos constituans un Code accessible et intelligible pour tous, et si nous ne faisions pas disparaître l'oppression et l'absurdité d'être gouvernés par des lois dont une collection complète n'a jamais été vue dans cet État, écrites dans les langues que peu même des avocats et des juges comprennent, et si volumineuses, si obscures et si contradictoires, que l'intelligence la plus vaste et la vie la plus longue ne suffiraient pas pour les entendre, peut-être même pour les lire.

Nous ne pouvions arriver à ce but qu'en vous recom-

mandant un rappel positif de toutes les lois et coutumes
précédentes, par lesquelles les droits civils étaient réglés
et selon lesquelles ils étaient réclamés : c'est ce que nous
avons fait. En conséquence, pour guider la conduite du
juge dans tous les cas qui ne se trouveront pas compris
dans les dispositions du Code, nous proposons qu'il se
détermine d'après les règles de l'équité naturelle, de la
même manière que les amiables compositeurs sont aujour-
d'hui autorisés à le faire; mais que ces sortes de décisions
n'aient pas l'autorité de *précédens*, jusqu'à ce qu'elles
soient sanctionnées par la volonté législative; et qu'afin
d'obtenir cette sanction, et de perfectionner progressivement le système, il soit ordonné aux juges de soumettre
périodiquement à l'assemblée générale un état circon-
stancié de tous les cas où ils se seront crus obligés d'exercer
la discrétion qui leur serait ainsi donnée; et qu'en même
temps un officier commissionné à cet effet soit chargé de
faire régulièrement le rapport des cas ordinaires décidés
d'après l'interprétation donnée aux lois, afin que la législature puisse expliquer les ambiguïtés, suppléer aux omissions, et corriger les erreurs que l'expérience aura fait
découvrir.

Nous sommes autorisés à porter ce jugement non-seulement par la raison, mais encore par l'expérience que
nous avons déjà du bon effet qu'a produit le digeste des
lois civiles actuellement en force. Les règles en étant concises et généralement intelligibles, elles ont été lues par
les citoyens, et les ont mis en état d'éviter, dans les
matières comprises dans leurs dispositions, des contestations qui, sans leur secours, auraient infailliblement
eu lieu. Si sur l'interprétation de quelques-unes des

parties de ce digeste il s'est élevé des doutes, ils ont été causés, soit par une traduction vicieuse, soit par les erreurs qui devaient inévitablement se glisser dans un ouvrage compilé à la hâte. Le temps nécessaire a manqué au rédacteur pour examiner minutieusement les lois existantes, dans les différentes sources où il fallait les chercher; aucune décision, d'ailleurs, n'avait encore été rapportée pour jeter du jour sur leur opération; et le travail de cette compilation était trop pour une seule personne. Nous espérons que la manière dont nous avons commencé l'exécution du nôtre, nous mettra en état d'éviter quelques-unes de ces erreurs, et fournira à la législature le moyen de les rectifier, quand il s'en rencontrera. Tous les changemens proposés, soit par rappel ou amendement d'aucuns articles de l'ancien Code, soit par insertion de titres ou d'articles nouveaux, seront écrits lisiblement sur une colonne, à côté et sur l'autre colonne, seront placées les raisons qui nous ont portés à les proposer. Ce travail, quoique originairement préparé par l'un d'entre nous sur la partie du Code qui lui a été assignée lors de la distribution de l'ouvrage, sera revu et discuté par tous, et après avoir subi les modifications que nos avis réunis auront jugé nécessaires, sera définitivement soumis, avec le Code entier, à la considération de la Législature. Afin qu'elle puisse le juger aisément, et en même temps afin de l'offrir à l'inspection d'autres personnes, dont les observations pourraient être importantes, nous prenons la liberté de suggérer qu'il serait convenable de pourvoir à ce qu'il en soit imprimé un nombre de copies suffisant pour cet objet. Nous espérons également qu'il ne sera pas trouvé mauvais qu'en raison de l'impatience avec laquelle cet ouvrage est attendu, nous fassions observer qu'on en accélérerait beaucoup l'exécution, si l'on nous adjoignait un juriste de plus.

Les progrès que nous avons faits jusqu'ici nous autorisent à croire que, sinon l'ouvrage entier, au moins la plus grande partie du Code sera prête à être soumise à la Législature à sa prochaine session. L'un de nous a presque terminé les amendemens au premier livre; un autre est également avancé dans plusieurs titres du troisième livre, et a préparé une esquisse du Code de procédure. Dans la distribution du travail préparatoire, la rédaction du Code de Commerce est tombée en partage à un troisième qui y a également fait quelques progrès.

En donnant aux devoirs qui nous sont assignés, l'interprétation étendue qu'un des objets de ce rapport a été de développer, nous espérons qu'on n'en inférera pas que nous comptons, avec une confiance présomptueuse, sur nos forces pour les remplir. Convaincus de la difficulté de l'entreprise, sentant tout le poids de la responsabilité qui y est attachée, et sachant combien elle exige de travail intellectuel et physique, nous ne nous sommes jamais flattés de pouvoir vous présenter un ouvrage exempt d'erreurs et d'omissions; nous avons cru seulement qu'avec beaucoup d'application, de soins et d'efforts, nous parviendrions à vous offrir un corps de lois, un ensemble de législation; et qu'il valait mieux préparer cet ensemble, quelque imparfait qu'il fût, qu'une série d'amendemens décousus qui auraient laissé subsister la nécessité de recourir aux lois actuelles, au milieu de leur diversité de langage et d'origine; qui n'auraient pu être comparés avec les anciens statuts qu'avec beaucoup de difficulté, ni être entendus par d'autres que par des légistes de profession ; et qui, par conséquent, n'auraient pu remédier qu'imparfaitement au mal qu'occasionne la jurisprudence confuse et incertaine que la Législature veut écarter. Dans l'adoption de ce plan, nous avons été mus par le desir d'assimiler l'amélioration ici projétée à celle qui s'exécute en ce moment dans une autre branche de la jurisprudence, afin de vous offrir dans la réunion de ces différens travaux, un seul livre intelligible et concis, dans lequel chacun de nos concitoyens puisse trouver des règles sûres pour connaître ses droits et ses devoirs, pour se diriger dans ses contrats, pour s'instruire de ses rapports civils, pour se guider dans les actions à porter en justice ; tandis que l'autre ouvrage dont vous avez confié la préparation particulièrement à l'un de nous, lui apprendra quels actes sont des délits, et quelles peines on encourt en les commettant.

Etre chargés d'une œuvre aussi importante, est à nos yeux le plus grand honneur que nous puissions recevoir de notre pays. Sans oser nous flatter de l'exécuter parfaitement, nous nous engageons à y apporter toute notre application, tous nos soins, et à y employer toutes nos facultés.

EDW. LIVINGSTON,

MOREAU LISLET,

P. DERBIGNY.

CONDITIONS

NÉCESSAIRES A LA PERFECTION

D'UN CODE PÉNAL,

PAR M. MILL.

CONDITIONS

NÉCESSAIRES A LA PERFECTION

D'UN CODE PÉNAL,

PAR M. MILL.

EXTRAIT DE L'ARTICLE JURISPRUDENCE, DU SUPPLÉMENT
A L'ENCYCLOPEDIE BRITANNIQUE.

§. IV.

ACTES DIGNES DE PUNITION. — CE QUE DEMANDE LA DÉFINITION D'UNE OFFENSE.

Dans le terme de violation, nous comprenons tous les actes qui empêchent les pouvoirs conférés par un droit, d'opérer suivant la volonté du possesseur.

Par rapport à une partie de ces actes, tout ce qu'il convient de faire par le moyen de la justice, c'est d'écarter l'obstacle qui s'oppose à la jouissance du droit, sans infliger de peine pour produire cette jouissance. Ainsi une dette n'est pas payée au terme fixé; le droit de celui qui en doit recevoir le paiement est violé. Il suffira toutefois dans le cas supposé, de forcer le débiteur à payer : enlever secrètement, dans l'intention de se l'approprier, un objet d'une valeur peut-être inférieure, serait un acte que les lois de toutes les nations puniraient comme un vol.

Parmi les actes injurieux, ceux-là seuls auxquels on a jugé convenable d'attacher des punitions, sont considérés comme l'objet du Code pénal. M. Bentham a publié une analyse si parfaite des actes injurieux ; ce grand philosophe a aussi placé avec une telle perfection, les fondemens sur lesquels doit reposer le choix des actes destinés à être punis ; il a établi avec tant d'exactitude les principes suivant lesquels on doit mesurer le châtiment, que, dans cette partie de notre sujet, la philosophie du droit n'est pas éloignée d'être complète.

Comme certains actes sont déclarés être des offenses, et sont soumis au châtiment, uniquement pour protéger les droits, il est évident que tous les actes qui entrent dans le Code pénal, sont des actes qui blessent les droits soit directement soit indirectement. Ceux qui blessent les droits directement, sont ceux qui font injure à un ou plusieurs individus ; un coup, par exemple, un acte de vol, et ainsi des autres. Nous renfermons aussi dans cette division, tous les actes dont les effets produisent une atteinte immédiate aux droits ; par exemple, la destruction d'une levée pour inonder les terres d'un autre individu, l'importation d'une contagion qui peut détruire la santé ou la vie des autres. Les actes qui affectent indirectement les droits, sont ceux qui portent immédiatement sur les moyens par lesquels l'état a pourvu à la protection des droits. Ces moyens sont les opérations du gouvernement en général. Tous les actes susceptibles de punition sont donc les actes qui troublent ou les individus dans la jouissance de leurs droits ou les opérations nécessaires pour le maintien de ces droits. Quoique les derniers ne blessent que médiatement et non immédiatement, ils peuvent étendre leurs effets nuisibles plus loin que les premiers. Un acte qui blesse un droit immédiatement, est ordinairement injurieux à un seul individu, ou à un petit nombre d'individus ; un acte qui empêche quelqu'une des opérations du gouvernement de suivre son cours naturel, est injurieux à tous les individus que la marche légitime de cette opération contribue à protéger. Permettez des actes qui interrompent toutes les opérations du gouvernement, et tous les droits sont réellement anéantis.

Si, comme il paraît par là, certains actes sont susceptibles de punition, seulement parce qu'ils blessent un droit, ou parce qu'ils interrompent les opérations établies pour le maintien des droits, il est évident que dans la définition de la première classe de ces actes, doit être renfermée la spécification du droit blessé, et que dans la définition de la seconde, doit être renfermée la spécification de l'opération troublée. Avant donc qu'il puisse exister un Code pénal exact, il doit exister un Code civil exact, et de plus, ce que nous pouvons appeler un Code constitutionnel ou politique ; le dernier se composant d'une définition exacte des pouvoirs créés pour l'action du gouvernement et des limites assignées à leur exercice.

D'après ce qui a été dit, on peut voir que la définition des offenses, nom par lequel nous désignerons dans la suite les actes punissables, est nécessairement composée de deux parties. La première partie est la spécification du droit blessé ou de l'opération du gouvernement troublée ; la seconde partie est la définition du mode. Ainsi pour la définition d'un acte de vol, le droit que l'acte a violé, doit être distinctement marqué, de même que le mode suivant lequel la violation a été commise. Dans la même classe d'offenses, celles contre la propriété, par exemple, la manière dont la violation est commise, est ce qui constitue principalement la différence d'une offense à une autre. En cas de vol et de larcin, le droit violé peut être exactement le même ; la manière dont la violation a eu lieu, constitue la différence.

Pour remplir différentes intentions du Code pénal, il est utile que, dans la spécification du droit violé, soit quelquefois comprise la valeur de ce qui a été violé, en d'autres termes, le montant du mal souffert. Il est évident qu'on ne peut juger en dernier ressort de la valeur des droits, qu'en s'en rapportant aux sentimens des hommes. On peut cependant prendre certaines marques extérieures pour règle commune de ces sentimens. Dans les offenses qui concernent la propriété, les modes d'évaluation sont familièrement connus. Dans les injures faites à la personne, les marques qui dénotent des injures regardées par les hommes en général comme différant en grandeur, l'étendue, par exemple, ou la place d'une blessure ; dans les injures à la réputation, les termes employés, l'occasion, et autres circonstances semblables, sont les seuls moyens de distinction qu'on puisse employer.

Il peut être aussi nécessaire de remarquer que, dans la partie de la définition relative au mode, il faut distinguer les individus quand il y en a plusieurs qui prennent part à la même offense avec différens degrés de criminalité ; nous entendons par différens degrés de criminalité, ce qui exige des degrés différens de punition. Les classes les plus remarquables de ces personnes sont celles des *principaux* et des *accessoires*, et parmi ceux-ci, les *accessoires* avant et après le fait.

Dans la définition du mode, l'acte doit d'abord être

décrit sous la forme ordinaire. L'acte peut cependant être accompagné d'un côté, de circonstances aggravantes, ou de circonstances atténuantes de l'autre; il peut demander une augmentation de peine dans le premier cas, une diminution dans le second. M. Bentham a remarqué avec justesse que les circonstances qui doivent être regardées comme aggravantes ou comme atténuantes, étant à peu près les mêmes dans tous les cas, elles peuvent être définies dans un chapitre particulier une fois pour toutes. Cela étant fait, le Code suit cette marche. On donne la définition de l'offense sous la forme ordinaire, et on y attache la punition convenable; ensuite vient immédiatement la même offense avec des circonstances aggravantes, une punition d'autant plus sévère; la même offense avec des circonstances atténuantes, une punition d'autant moins rigoureuse.

Nous avons parlé jusqu'à présent de la définition des offenses, et nous sommes entrés dans peu de détail, parce que nous ne pensons pas que ce sujet donne lieu à beaucoup de contestations. Bien des personnes qui doutent de la possibilité de composer un Code civil, quoiqu'après la précédente exposition du sujet, ce doute ne nous semble pas pouvoir aisément se maintenir, conviennent néanmoins que les offenses peuvent toutes être définies, et qu'il est possible de prévenir la monstrueuse injustice de punir des hommes pour certains actes, comme coupables d'offenses, sans qu'ils eussent les moyens de connaître que telle était la nature de ces actes.

§. V.

DOCTRINE DES PUNITIONS. — SATISFACTION. — PEINES.

Après les offenses, il faut considérer la punition qui doit y être attachée. Ce sujet embrasse des détails fort étendus; il a été cependant traité d'une manière si complète et si admirable par M. Bentham, qu'il suffit de présenter ici quelques-unes des considérations les plus générales, nécessaires pour marquer la place et l'importance de cette matière.

Lorsqu'un droit a été blessé, il y a évidemment deux choses à faire : l'injure reçue par l'individu doit être réparée ; et des moyens doivent être pris pour prévenir un mal semblable à l'avenir.

La doctrine de la satisfaction n'est pas du tout difficile quant aux principes fondamentaux ; la complication est toute entière dans le détail. Le plus grand nombre des injures concerne la propriété. On peut généralement établir une évaluation pécuniaire sur les injures de cette espèce, quoiqu'il ne soit pas très aisé de déterminer le *pretium affectionis*, matière d'une haute importance que la jurisprudence anglaise, singulier mélange de grossièreté et de fausse subtilité, néglige entièrement. Pour les injures à la personne, c'est aussi très fréquemment sous la seule forme pécuniaire que la compensation peut avoir lieu. En faisant ces estimations, quelques marques générales sont tout ce que la loi peut convenablement définir, et il faut laisser une grande étendue à la discrétion du juge. En effet, la question du dommage est toujours une question de fait qui doit être déterminée par l'évidence présentée dans chaque cas.

C'est une maxime conforme aux sentimens de tous les hommes, que celui qui a commis une injure doit être obligé à la réparer. Une partie de la punition doit donc, toutes les fois qu'une raison particulière ne s'y oppose pas, consister à faire satisfaction à la partie lésée. La satisfaction pécuniaire, quand le délinquant est riche, peut n'être qu'une faible partie de la punition méritée; il est toutefois naturel et convenable de porter cette peine aussi loin qu'elle peut aller. Dans les cas où le délinquant ne possède aucune propriété, il est également convenable de faire servir son travail à cette même fin. Un travail pénible avec la nourriture la plus économique, jusqu'à ce que le produit du travail s'élève au niveau de la satisfaction exigée, est une espèce de punition recommandée par les plus fortes considérations. Ce n'est pas à dire qu'un travail ainsi limité soit toujours une peine suffisante; et il y a beaucoup de cas où il serait une peine excessive; mais alors même on pourrait le faire aller aussi loin qu'il peut dans un cas, et aussi loin qu'il doit dans l'autre.

Quand l'injure attaque la réputation, il est manifestement convenable de faire contribuer le coupable à la réparation, toutes les fois qu'il est possible. En un grand nombre de cas, aussi, le mode convenable se présente évidemment de lui-même; dans tous ceux, par exemple, où l'acte injurieux consiste dans la publication d'une fausseté. L'auteur de l'injure peut, d'une manière aussi publique que l'offense, et aussi bien proportionnée qu'il se peut à la réparation de l'injure, être obligé de déclarer que, d'après la décision des juges, il est solennellement convaincu d'avoir répandu une fausseté et condamné à publier sa propre infamie.

Dans le cas de ces offenses qui, affectant les droits indirectement, c'est-à-dire, en donnant atteinte aux sûretés qui les maintiennent, la satisfaction peut rarement avoir lieu, parce que ni un ni plusieurs individus n'ont reçu d'injures.

Ceci peut suffire à l'exposition de la première chose qu'on doit desirer quand une injure a été commise, savoir la réparation. La seconde, c'est qu'on adopte des mesures pour prévenir le retour futur d'événemens semblables.

Des actes sont produits uniquement parce qu'il y a des motifs de les produire; par conséquent, des actes injurieux sont commis uniquement parce qu'il y a des motifs de les commettre.

La contrainte corporelle étant hors de la question là où tous les membres de la société sont intéressés, il est évident qu'il ne reste que deux moyens pour prévenir les actes injurieux ou 1° d'écarter les motifs qui y provoquent, ou 2° d'appliquer des motifs suffisans pour les prévenir.

D'après la nature même d'un grand nombre d'actes, il est impossible d'écarter les motifs qui y provoquent. D'une propriété volée, il est impossible de détacher la valeur de la propriété; de la vengeance, il est impossible de détacher l'espérance du soulagement que l'on attend du coup que l'on veut porter.

Ce qu'il faut donc, ce sont des motifs suffisans pour combattre les motifs qui mènent au crime. Quel que soit le motif attrayant qui excite à un acte, si vous donnez un

motif plus fort et du même genre pour s'abstenir de cet
acte , l'acte sera par là même empêché. L'homme qu
voudrait vous voler 5 *liv.* ne le fera certainement pas, s'i
sait qu'il recevra 6 *liv.* pour s'en être abstenu.

On peut alors élever cette question : pourquoi ne pré-
viendrait-on pas tous les crimes de cette manière, puisque
la récompense est beaucoup plus desirable et plus humaine que la punition ? La réponse est très satisfaisante et s'appuie sur un principe qui doit attirer la plus
profonde attention dans bien des occasions où il est traité
avec le plus parfait mépris. Nulle récompense ne peut
être donnée à un homme ou à une collection d'hommes,
qu'aux dépens de quelque autre homme ou collection
d'hommes. Ce qui est récompense pour un individu est
donc punition pour d'autres. Si l'on donne 6 *livres* à
l'homme qui voudrait voler 5 *liv.* cela est pris nécessairement sur un ou plusieurs individus de la communauté.
Si un homme est élevé par un titre, une distinction,
tout le reste par rapport à lui est dégradé et rabaissé. C'est
une chose entièrement inévitable. L'un de ces événemens
est nécessairement renfermé dans l'autre. Donner des
récompenses, est donc une mesure qui a de sérieuses
conséquences. Ce n'est pas un simple acte, la simple
création d'un bien, qu'on donne souvent et si faussement
pour réel, et dont la réalité est admise avec une crédulité
insensée.

Il est d'autres raisons qui prouvent l'insuffisance des
récompenses pour prévenir les actes injurieux ; elles se
présentent trop naturellement pour qu'il soit nécessaire
d'en faire mention. Ainsi nous ne nous arrêterons pas plus
long-temps sur ce sujet. Il est du moins suffisamment évi-

dent que, pour combattre les motifs qui portent à commettre un acte, nous n'avons que deux méthodes. Si nous ne pouvons appliquer les motifs d'une espèce agréable pour déterminer l'individu à s'abstenir de commettre l'acte, il faut appliquer des motifs pénibles qui puissent l'emporter sur les motifs qui engagent à l'action. Pour empêcher par ce moyen un vol de 5 *livres*, il est absolument nécessaire d'attacher à cet acte un degré de punition qui l'emporte sur l'avantage de posséder 5 *livres*.

Nous avons maintenant évidemment obtenu le principe sur lequel doit être réglée la punition : nous voulons prévenir certains actes ; c'est notre but, et notre but tout entier : nous préviendrons certainement toute espèce d'actes, si nous y attachons des motifs pénibles capables de surpasser les motifs de l'espèce opposée qui portent à les commettre. Si nous appliquons une moindre quantité de mal qu'il n'en faut pour surpasser ces motifs, l'acte sera encore commis, et le mal infligé sans utilité, ce sera autant de souffrances perdues. Si nous appliquons une plus grande quantité de mal qu'il n'est nécessaire ; nous tombons dans un semblable inconvénient ; nous créons une quantité de mal absolument inutile ; l'acte que les motifs agréables tendent à produire, sera empêché si les motifs pénibles les surpassent du plus faible degré, aussi sûrement que s'il les surpassait d'un degré quelconque. Aussitôt donc que le législateur a atteint ce point, il doit immédiatement s'arrêter. Chaque atôme de punition qui va au-delà est autant de mal sans compensation, autant de misère humaine créée sans aucun bien qui y corresponde. C'est un pur malheur sans mélange.

Comme on ne peut, à la vérité, saisir l'exacte mesure

de la quantité de peine qui pourra surpasser une quantité supposée de plaisir, il est quelquefois nécessaire de
risquer d'aller un peu au-delà du but, pour être sûr de
ne pas le manquer. Et en cas d'actes dont le mal est
très grand, de crimes de l'ordre le plus élevé, en un
mot, il peut être utile de risquer un degré considérable
d'excès, pour être sûr d'atteindre le vrai point d'efficacité.

Dans l'estimation de la quantité de mal qu'il peut être
nécessaire de créer, afin de compenser le motif qui porte
à un acte coupable, il y a deux circonstances dont il faudrait tenir compte, la certitude et la proximité. Il est peu
important ici de nous étendre sur le développement de ces
matières, parce qu'elles sont maintenant presque généralement comprises. Il est bien reconnu que la perspective
d'un mal qui doit arriver dans une heure, dans deux heures,
produit une plus grande inquiétude que la perspective
du même mal reculé à une distance de plusieurs années.
Chaque homme sait qu'il mourra dans un certain nombre
d'années ; plusieurs savent même qu'ils ne peuvent vivre
au-delà de quelques années ; et cette connaissance ne produit aucun trouble. D'un autre côté, l'effort qui rend un
homme capable de conserver sa tranquillité dans l'attente
d'une mort immédiate, est supposé si difficile, que c'est
cet effort même qui fait le héros. Il est donc de la plus
grande importance que la punition soit immédiate, parce
que, dans ce cas, une bien moindre quantité de mal
suffit. Les lois de l'humanité demandent impérieusement
que, si le mal est un moyen nécessaire à notre fin, on
mette en usage tous les expédiens pour le réduire à la
plus petite quantité possible. C'est une cruauté, c'est le
caractère d'une nature malfaisante, que d'appliquer le

mal d'une manière qui en demande une plus grande quantité qu'il n'en eût fallu avec un autre moyen. Imaginez une loi par laquelle aucun acte de vol ne serait puni ou poursuivi que vingt ans après avoir été commis, ou quand la vie du voleur serait supposée approcher de sa fin. Il est évident que toute punition dans ce cas, que la mort accompagnée des plus grands tourmens, perdraient presque tout pouvoir. C'est là en partie le fondement des plaintes sur le peu d'efficacité des peines de la religion, quoique terribles au-delà de toute expression dans leur degré.

Le manque de certitude est un défaut d'une égale conséquence. S'il peut y avoir lieu de douter si le mal dont on est menacé arrivera, l'imagination est portée à exagérer la chance qui peut écarter ce mal; et elle l'exagère avec complaisance à un tel degré, que la chance opposée n'exerce à la fin qu'une influence comparativement faible. C'est une loi remarquable de la nature humaine; les plus sages, les plus prudens des hommes ne sont pas exempts de son influence, qui devient prédominante dans ces esprits irréfléchis qui sont les plus disposés à donner prise aux séductions du vice. Pour mettre cette loi dans tout son jour, l'influence des peines religieuses nous fournit le plus instructif de tous les exemples. Ces peines surpassent par elles-mêmes de bien loin tout ce que l'imagination peut concevoir. C'est le sujet des plaintes des théologiens, et le résultat de l'expérience universelle, que leur efficacité sur la grande masse des hommes, est excessivement faible. La raison en est qu'au défaut de proximité se joint la plus grande incertitude. Si un homme porte le doigt à la chandelle, il sait qu'il sera puni, et immédiatement par la brûlure ; si un homme commet un péché énorme, il ne craint pas de subir immédiatement la punition religieuse, et il conçoit que la misécorde de son juge, le repentir et la foi lui offrent une chance d'y échapper entièrement. Cette chance, son imagination l'exagère, et bien des hommes peuvent, de cette manière, continuer à pécher avec tranquillité jusqu'à la fin de leurs jours. Si toutes les punitions étaient aussi certaines et aussi immédiates que celle de porter le doigt à la chandelle, la plus petite quantité de mal au-delà de ce qui pourrait contrebalancer l'avantage de l'acte défendu, suffirait évidemment pour le prévenir. Si l'on admet l'incertitude à un degré considérable, aucune quantité de mal ne pourra plus suffire. C'est un fait que l'expérience a pleinement établi, et qui est maintenant reconnu dans la législation la plus vulgaire, que l'extrême sévérité des peines va contre son but, en augmentant l'incertitude; parce que les hommes ne sont pas disposés à servir d'instrumens pour infliger un mal qui blesse profondément leurs sentimens. Cette législation est donc mauvaise, qui ne prend pas des mesures pour obtenir le plus haut degré possible de proximité et de certitude dans les peines.

Il y a trois sources d'où peuvent être tirés les motifs pénibles, applicables aux intentions du législateur : 1° *la source physique*, 2° *la source morale*, 3° *la source religieuse* :

I. Les peines tirées de la source physique peuvent atteindre un homme, 1° dans sa personne, 2° dans ses rapports, 3° dans ses propriétés.

Elles peuvent atteindre un homme dans sa personne

de quatre manières principales, par la mort, par *disablement* *, par *restraint*, et *constraint*, par simple peine.

Les rapports d'un homme sont ou publics, ou privés; privés, tels que ceux d'époux, de père, de serviteur, de maître etc.; publics, tels que ceux de chef, de subordonné, de maître, d'élève, et ainsi des autres.

Les diverses manières dont un homme est puni dans sa propriété, n'ont pas besoin d'explication.

II. Les peines tirées de la source morale, sont celles qui dérivent des sentimens défavorables des hommes. Pour la force des peines empruntées à cette source, nous sommes obligés de renvoyer aux écrivains qui ont traité de la nature humaine sous ce rapport. Il suffit de remarquer ici qu'il est généralement reconnu que ces peines peuvent s'élever à un point auquel on peut à peine comparer toutes les autres douleurs attachées à notre nature; qu'il y a dans les sentimens de nos semblables un certain degré de défaveur, sous le poids duquel un homme, s'il n'est déchu de son caractère d'homme, peut à peine supporter la vie.

L'importance de ce puissant moyen pour prévenir les actes injurieux, est trop facile à concevoir pour demander un plus long développement. Si l'on pouvait le mettre suffisamment en œuvre, il dispenserait presque de l'usage des autres moyens. C'est donc un des premiers objets du législateur de savoir comment il peut employer avec la plus grande efficacité possible les peines fondées sur la sanction de l'opinion.

Pour savoir diriger les sentimens défavorables des

---

* *Disablement*, peine corporelle qui ôte au coupable les moyens physiques de commettre le même crime.

hommes, il est nécessaire de connaître de la manière la plus complète, c'est-à-dire, sous le point de vue le plus étendu qu'il est possible, ce qui les fait naître. Sans entrer dans la partie métaphysique de la question, nous donnerons une réponse assez pratique pour ce que nous nous proposons maintenant, en disant que les sentimens défavorables des hommes sont excités par tout ce qui les blesse. Ils aiment ce qui leur procure du plaisir, ils haïssent ce qui leur cause de la peine. Les actes des autres hommes qui leur procurent du plaisir, ou les préservent de la peine, les actes de bienfaisance, de véracité, et autres semblables, ils les aiment. D'un autre côté, les actes qui leur causent de la peine, le mensonge, et autres semblables, ils les haïssent. Ces sentimens, quand on considère la disposition de l'âme qui est supposée produire les actes, se transforment en approbation et en improbation, dans leurs différens degrés, qui s'élèvent jusqu'à la plus haute vénération, et descendent jusqu'à l'extrême aversion et au plus profond mépris.

Les sentimens défavorables que le législateur voudrait exciter contre les actes défendus, doivent donc naître, dans chaque individu, de l'idée qu'il a conçue de la malignité de ces actes. Cette idée dépend de trois circonstances: 1° du point de vue sous lequel il envisage l'acte; 2° du point de vue sous lequel l'acte paraît être envisagé par les autres hommes; 3° de tout ce qui tend à rendre plus ou moins permanente à son esprit l'idée que lui-même et les autres hommes ont conçue de la malignité de l'acte. De ces circonstances on déduit aisément les règles pratiques pour faire servir cette grande puissance de l'opinion, comme instrument du législateur, à prévenir les actes injurieux. 1° Que les meilleures mesures soient prises pour présenter au public sous son vrai jour la malignité de l'acte; et alors ses sentimens défavorables seront justement excités. 2° Que l'on prenne les moyens convenables pour faire connaître au public tout acte nuisible qui sera commis, et son auteur, afin qu'ainsi, aucun acte coupable ne puisse en demeurant caché, échapper à la punition que renferment les sentimens défavorables des hommes. 3° Que la législature, comme la partie du public qui dirige l'opinion, déclare ses sentimens défavorables ; qu'elle imprime à l'acte une note d'infamie. 4° Que la même publication de ses sentimens défavorables soit faite par le juge, en forme de réprimande et autres déclarations. 5° La législature peut augmenter l'effet de ces déclarations, quand le cas le demande, par des marques symboliques, ou, 6° par l'exposition du coupable. 7° La législature peut faire en sorte, dans certains cas, que l'acte injurieux ne puisse être commis qu'à l'aide d'un autre acte déjà infâme; ainsi, comme il est plus infâme de violer une promesse faite à Dieu que de faire une fausse déclaration aux hommes, on peut obliger un témoin à jurer qu'il dira la vérité. 8° Les sentimens favorables des hommes étant si puissamment excités à l'égard de la richesse, un homme est puni par la sanction de l'opinion quand ses propriétés sont assez diminuées pour le faire descendre de son rang.

III. Pour diriger et proportionner l'appréhension des peines de la religion, le législateur peut faire trois choses:

1° Il peut déclarer sa propre appréhension, et le degré

de ce sentiment qui devra être proportionné aussi exactement que possible à la malignité des actes.

2° Il peut salarier d'autres personnes pour déclarer
les mêmes appréhensions, et mettre en œuvre tous les
moyens propres à les propager.

3° Il peut dissiper la crainte des châtimens de la religion pour des actes qui ne sont pas coupables; et empêcher qu'on n'en conçoive une plus forte appréhension
pour des actes d'une légère malignité, que pour d'autres
d'une malignité profonde. Toute la puissance répri-
mante qui réside dans les craintes religieuses, est ordinairement perdue par une fausse application. Il serait
donc utile de recourir aux moyens les plus forts pour
empêcher cette application vicieuse et cette perte des
terreurs de la religion *.

En tirant d'une ou de plusieurs de ces sources, ou de
toutes à-la-fois un genre de punition adapté à chaque cas
particulier, on doit toujours avoir en vue les qualités
suivantes, desirables dans toute espèce de peine. Toute
punition doit être, autant qu'il est possible,

---

* On ne veut parler ici de rien qui puisse compromettre les droits
de la conscience, y comprise toute interprétation qu'on peut faire des
paroles de l'Écriture. C'est l'objet du législateur d'encourager les actes
qui sont utiles, de prévenir ceux qui sont nuisibles à la société. Mais
souvent les craintes et les espérances de la religion ne sont pas appliquées à encourager les premiers, à prévenir les seconds, usage qui
seul entre dans les vues du législateur, mais à de pures cérémonies.
Et il ne manque pas de circonstances, où elles servent à produire les
actes nuisibles, à empêcher les actes utiles à la société. Attacher les
motifs religieux à des objets utiles, au lieu d'objets inutiles ou nuisibles, est un bienfait pour la société. C'est ce bienfait qui est recommandé aux soins du législateur.   (Note de M. Mill.)

1° Susceptible d'être graduée, de manière à pouvoir être appliquée à différens degrés;

2° Mesurable, afin qu'on puisse dûment régler la différence des degrés;

3° Équitable, c'est-à-dire capable d'opérer avec une intensité uniforme sur toutes sortes de personnes;

4° Telle que l'idée du châtiment réveille naturellement celle du crime;

5° Telle que l'idée en soit naturellement vive et forte;

6° Publique, propre à frapper les sens;

7° Réformative;

8° Telle qu'elle mette le coupable hors d'état de commettre le crime; (*Disabling*, *viz. from crime;*)

9° Remédiable, si l'on trouve dans la suite qu'elle n'est pas méritée;

10° *Compensative*, envers la partie lésée;

11° Productive, pour la société, comme le travail.

De tous les moyens de punition que l'esprit humain a inventés jusqu'à présent, il n'en est aucun qui réunisse ces qualités si desirables en toute chose de ce genre, à un aussi haut degré que la *Panoptique pénitentiaire*, imaginée par M. Bentham.

Une règle générale est applicable à toute espèce de punition. La voici: que le bien particulier qui a servi de motif à l'acte injurieux, soit enlevé dans tous les cas où il est possible, et la jouissance qu'on en attendait, empêchée. Quand cette règle peut être complètement suivie, toute la punition additionnelle nécessaire se borne à compenser le manque de certitude et de proximité dans l'acte de privation; car nul ne commettrait un crime avec l'assurance qu'il ne lui profiterait pas; nul ne volerait s'il savait que la propriété volée dût lui être enlevée à l'instant même. Les intérêts qui peuvent être servis par un acte criminel, peuvent être réunis sous les titres suivans:

1° L'argent, ou une valeur équivalente à l'argent;

2° Le pouvoir;

3° La vengeance;

4° La vanité, la rivalité;

5° Les plaisirs des sens, surtout ceux de l'amour;

6° L'espoir d'échapper aux punitions légales;

Par rapport à quatre de ces intérêts, l'argent, le pouvoir, la vanité, et l'espoir d'échapper aux peines légales, l'avantage qu'on espérerait peut, dans bien dans des cas, être complètement intercepté.

Dans le cas où la vengeance s'est satisfaite par l'abaissement de la partie lésée, le coupable peut être trompé dans son attente par le rétablissement du même individu.

Le plaisir des sens, dès qu'on en a joui, ne peut être atteint par cette mesure.

C'est une chose très digne de remarque, que, parmi les avantages qui constituent les motifs du crime, ceux qui peuvent être enlevés au coupable, dont la jouissance peut être empêchée, sont de beaucoup les plus fréquens encouragemens qui nous portent au crime.

Ceci peut suffire comme un sommaire de ce qu'on pourrait dire sur la manière la plus utile d'appliquer la peine pour prévenir certains actes. Il ne nous reste qu'un mot à ajouter; il est des cas dans lesquels on peut prononcer qu'il ne convient d'employer la punition de cette intention; ce sont les suivans:

1° Quand le mal fait à la société ne surpasse pas le bien de l'individu;

2° Quand le mal nécessaire pour la punition surpasserait le mal de l'action;

3° Quand le mal que l'on crée n'est pas propre à prévenir l'acte.

4° Quand on pourrait parvenir au même but par d'autres moyens.

§ VII. *

ORGANISATION JUDICIAIRE, OU EXAMEN DU MEILLEUR MODE D'ADMINISTRATION REQUIS POUR ASSURER L'EXÉCUTION DES LOIS. — GARANTIES RELATIVES AUX CONNAISSANCES DU JUGE. — GARANTIES RELATIVES A SA MORALITÉ.

Nous avons vu l'ensemble des opérations qui doivent avoir lieu. Les parties sont admises à établir ou à détruire devant le juge l'existence des faits sur lesquels elles se fondent; si, dans ce dessein, elles allèguent un fait qui ne tend pas à ce but respectif, on leur fait observer

---

* Quoique ce paragraphe ne soit pas comme les ıv et v du même article, exclusivement consacré à retracer les règles qui doivent concourir à la formation d'un Code pénal, nous avons cru devoir le réunir aux deux autres, parce qu'il renferme quelques vues sur la police judiciaire. D'ailleurs il traite des deux degrés de juridiction que les parties peuvent parcourir dans leurs contestations. Or, notre système d'administrer la police correctionnelle contient aussi le partage des deux degrés de juridiction. Les règles tracées par M. Mill, peuvent donc avoir beaucoup d'intérêt, même sous le rapport de la justice pénale.   (*Note de l'Editeur.*)

de suite, que ce fait n'est point pertinent, et qu'il n'est
point de nature à justifier leurs prétentions : deux ou
trois pas au plus les conduisent à un fait où en dernière
analyse la question doit aboutir ; et ce fait est contesté
ou il ne l'est pas ; dans une multitudes d'espèces, il serait
incontestable ; quand le sujet est débarrassé de toute chi-
cane, la partie qui a tort verrait en général qu'elle n'a
aucun espoir de succès, et ne manquerait pas de se dé-
sister. Le procès se terminerait alors, sans qu'on eût
besoin d'inductions pour arriver à l'évidence. Quand
cette circonstance n'existe point, il se présenterait souvent des cas où la contestation pourrait être terminée,
au moyen des témoins que les parties amènent avec elles ;
dans ces cas, une seule audience pourrait également suffire. Ces deux cas comprennent l'immense majorité des
procès, ainsi quelques minutes suffiraient pour décider
cette grande masse de contestations. Si tous les témoins
ne pouvaient comparaître à la première audience, une
seconde audience terminerait l'affaire. D'après cette manière de procéder, la justice serait expéditive et peu
coûteuse, double caractère dont la privation lui ôte sa
dénomination et son essence.

Il n'y a rien dans tout cela qu'un homme intelligent et
probe ne puisse faire comme tout autre. Comme le sa-
laire d'un individu coûte moins que celui de plusieurs,
c'est une raison de n'établir qu'un seul juge pour un
tribunal.

Le premier objet de la discussion consiste à déterminer quelles mesures l'on peut prendre pour que ceux
qui sont chargés de la distribution de la justice possèdent
la capacité et la moralité requises.

La capacité concerne ceux qui ont le pouvoir d'élire et de révoquer les juges, et qui nomment ou ne nomment pas des hommes dont l'intelligence et la capacité sont reconnues : la conduite morale des juges dépend des intérêts qui agissent sur eux dans la situation où ils sont placés.

Nous ne nous proposons pas d'entrer dans la question de savoir par qui les juges devraient être nommés. La réponse serait différente selon les diverses formes de gouvernement, ce n'est point ici le moment de comparer ces formes diverses, ni quant à cette fin ou à toutes autres fins de son institution, nous n'articulerons qu'une chose dont l'évidence frappe tous les esprits ; c'est que ceux qui nomment les juges ne doivent pas avoir d'intérêt contraire à la meilleure administration de la justice.

Comme l'intégrité du juge est attaquée par des intérêts inséparables de sa position, par exemple, le profit qu'il peut retirer d'une décision injuste, il est nécessaire de les contrebalancer par des intérêts opposés qui présentent le caractère de garanties ; plusieurs de ces garanties, qui, comme nous l'avons vu plus haut, s'appliquant à la situation d'un témoin, s'adaptent également à celle d'un juge ; mais il y en a quelques-unes de particulières à chacun d'eux. Voici la liste de celles qui s'appliquent à la situation d'un juge.

 i.   Punition.
 ii. Honte.
 iii. Publicité.
 iv. Ecriture, pour assurer l'exactitude et la durée.
 v.   Fonctionnaire unique.
 vi. Appel.

Quant à la *punition* des différentes sortes de délits judiciaires, elle doit être portée dans le Code pénal.

Dans la position du juge, il y a une occasion particulière où l'on peut déterminer positivement l'action de
la honte, et lui donner toute la force désirable dans la
situation d'un juge, il est possible qu'on se rende coupable de nombreux et graves délits, sans qu'on puisse
cependant en prouver un d'une manière assez évidente
pour donner lieu à punition.

Pour imprimer la honte, le grand mobile est la *publicité*. L'importance de la publicité est donc souveraine.
Ce n'est pas seulement l'instrument essentiel pour créer
et appliquer la sanction morale qui consiste dans l'approbation ou le blâme du genre humain; mais pour appliquer cette punition avec succès, il est d'une extrême
importance de faire connaître les occasions dans lesquelles elle est méritée; elle n'est point seulement en
elle-même une forte garantie, mais elle est le principe de
vie et de force pour toutes les autres garanties.

Toute autre publicité est faible et de peu de valeur
comparativement à celle de la *presse*. Non-seulement on
doit lui laisser la faculté d'agir de toute sa force sur le
juge, mais il faut encore prendre les mesures les plus
efficaces pour que cette action se développe dans toute
son énergie. Non-seulement la salle d'audience doit être
disposée de la manière la plus convenable pour recevoir
le public; non-seulement on doit jouir de la plus grande
liberté de publier les procédés du juge, et toutes sortes
d'observations favorables ou défavorables relativement
à ces procédés, mais encore il faut prendre des mesures
pour que le public assiste aux audiences, pour que les

publications dont nous venons de parler aient lieu partout où il peut arriver que le public ne se porte pas volontairement à assister aux audiences, et que les publications dont il s'agit ne se fassent point spontanément. A cet effet, à moins que d'autres importantes considérations ne s'y opposent, le chef-lieu de la justice devrait toujours être l'endroit du ressort auquel il appartient, où se trouve la population la plus nombreuse et la plus éclairée et où se rencontre le plus de facilité pour les publications dont nous avons parlé.

En Angleterre, où le sens du mot libelle n'est pas défini, et où les juges sont, par conséquent, autorisés à punir comme libelle, tout écrit qui leur déplaît, la publication d'observations défavorables sur la conduite d'un juge, nous dirons plus, le simple narré de ses procédés est traité comme le plus odieux de tous les délits possibles, rien de surprenant. Accordez à tous autres individus la faculté de faire des lois, ils les feront, s'ils le peuvent, de manière à contenter leurs caprices! Quel est celui qui, s'il en avait le pouvoir, ne ferait pas une loi, pour se garantir contre la censure, et plus particulièrement encore si c'était un homme disposé à se comporter de manière à mériter la censure!

Autoriseriez-vous la punition de l'imposture contre les juges! Le mot imposture est ici équivoque. Il signifie tout à-la-fois des opérations erronées, et de fausses décisions à l'égard d'un fait. A coup sûr nous autoriserions les opinions erronées, parce que nous ne connaissons, pour en établir la certitude, que les lumières qui jaillissent d'une discussion publique, et parce que cette discussion est un remède adapté à tout le mal que des opinions erronées peuvent tendre à produire. Nous voudrions prévenir l'assertion de faits injurieux pour les juges, s'ils étaient faux et allégués sans fondement raisonnable qu'on pût les croire vrais.

Permettez la publication de faits injurieux pour le juge, de faits dont la vérité est reconnue, permettez les commentaires défavorables sur les procédés du juge, vous discréditez l'administration de la justice. Discréditez l'administration de la justice à laquelle le peuple a continuellement recours, pour en obtenir le plus grand avantage possible, la protection contre l'injure. Parlez aussi de discréditer la conduite d'un boulanger, d'un restaurateur, si celui qui se comporte mal dans sa profession est exposé aux censures du public. Discréditez l'administration de la justice, en vérité, en prenant des mesures de sévérité contre les défauts des juges, mesures indispensables pour perfectionner cette administration.

Nous devons nous contenter de reconnaître l'importance *d'enregistrer en caractères permanens* tout ce qui a eu lieu devant le juge; nous nous croyons, ce nous semble, fondés à le faire, relativement à la facilité de procéder à cette besogne. Nous laissons également à nos lecteurs le soin de tracer la ligne de démarcation entre les occasions où cette mesure sera nécessaire et celles où l'on pourra s'en dispenser; celle, par exemple, où la chose est simple et claire, et où toutes les parties sont d'accord.

C'est une grande garantie, à l'égard de la diligence et de l'intégrité du juge, qu'il siège seul. Quand un homme sait que tout le mérite et toute la récompense du bien qui est fait, que la punition et la défaveur de ce qui

s'opère·de mal lui appartiennent exclusivement, les raisons de se comporter loyalement deviennent d'une très
grande force. Quand un individu espère écarter le blâme
de négligence, le blâme de prévarication, ou de le dé-
verser en partie sur un autre, l'incertitude de la punition tend, comme nous l'avons vu plus haut, à diminuer, peut-être même à éteindre sa force préventive.
Certaines expressions vulgaires et même proverbiales
particularisent l'expérience générale de cette indifférence
avec laquelle un devoir commun à plusieurs personnes
est ordinairement rempli. L'affaire d'un corps n'est l'affaire de personne. Cela est aussi vrai dans la famille que
dans l'état, aussi vrai dans la judicature que dans la vie
commune. Il reste beaucoup à dire sur cet important
sujet, mais nous devons passer à un autre point.

Quant à l'utilité de l'*appel*, comme garantie contre
les procédés illégaux du juge, il est d'autant moins nécessaire d'en donner des preuves, que cette utilité a été
pleinement reconnue par la pratique des nations.

Toutefois, ce qui n'est point reconnu par cette même
pratique, c'est que si l'appel est nécessaire dans un genre
de causes, il l'est également dans tous les autres, sans
exception. On ne pourrait pas alléguer la moindre raison, pour démontrer sa nécessité dans une sorte de cas,
qui n'établît sa nécessité dans tous les autres.

C'est contribuer à l'instruction, que de remarquer les
cas où l'on a supposé que l'appel devait avoir lieu, et
ceux où l'on a prétendu qu'on devait s'en dispenser. Les
cas dans lesquels on l'a jugé nécessaire, concernent les
propriétés d'une grande importance, ceux où l'on a cru
devoir s'en dispenser, concernent les propriétés d'une ·

importance peu considérable. Les cas du premier genre
intéressent la classe aristocratique ; ceux du second genre
ne sont d'aucun intérêt pour cette classe. C'est la classe
aristocratique qui a fait les lois, elle a, en conséquence,
déclaré que les procès où elle était intéressée jouiraient
du bénéfice de l'appel, et que ceux qui ne la concernaient
pas ne jouiraient pas du même bénéfice.

Nous ne reconnaissons qu'un seul caractère d'importance, c'est l'influence sur le bonheur ou le malheur du
genre humain. La petite somme qui donne matière au
procès du pauvre est communément d'une plus grande
importance pour lui que la somme plus considérable n'est
pour le riche qui plaide pour l'obtenir. Et encore, pour
un riche, il y a des milliers de pauvres, ainsi, en calculant d'après les principes d'une philanthropie générale, les
procès pour des sommes modiques ne sont point, comme
le prétend l'aristocratie, d'une importance modique ou
nulle, ils sont d'une importance mille fois supérieure à
ceux qui ont lieu pour les sommes les plus considérables.

S'il doit y avoir appel, combien doit-il alors y avoir
de degrés de juridiction par où il doive passer? Nous
supposons qu'il est très facile de répondre à cette question. Si vous voulez obtenir un second jugement, vous
devrez, autant qu'il est possible, vous adresser à la
meilleure source, et si vous n'allez pas à cette source,
pourquoi voudriez-vous aller plus loin.

La première chose qui mérite d'être bien déterminée
en cas d'appel, c'est ce que l'on doit faire alors. Un
appel est une sorte de plainte contre le juge de première instance. Où il n'y a pas de plainte, il n'y a point
d'appel, ni motif d'appel.

Une plainte contre le juge est dirigée contre sa conduite, soit au premier, soit au second, soit au troisième degré de ses opérations judiciaires.

Si elle touche sa conduite, quant au premier degré, elle porterait sur ce que le juge aurait permis à une partie de s'appuyer sur un fait qui n'était ni établi ni détruit dans la forme légale! Et cela suppose une méprise relativement à l'interprétation de la loi, ou une décision qui reposerait sur un fait qui n'aurait point de rapport essentiel avec la question. Il est évident que pour la décision de cette question, il est nécessaire de transcrire exactement tous les moyens des parties, et de les transmettre à la Cour d'appel.

Si la plainte se rapporte à la conduite du juge, quant au second degré de ses opérations, elle ne peut rouler que sur un de ces deux points; ou le juge n'a pas entendu tous les témoins, ou il n'a pas approuvé justement le motif de leurs dépositions.

S'il n'a pas bien établi la preuve, soit par faute d'en rassembler les élémens, soit par soustraction de quelques-uns de ces élémens, pour remédier à cela, il ne s'agit que de lui renvoyer la cause, avec ordre de réparer l'omission, ou s'il est soupçonné d'avoir commis cette ommission volontairement et avec mauvaise intention, il faut adresser la cause au juge d'un des districts voisins pour reprendre l'enquête et prononcer.

Si la plainte se réfère à une appréciation erronée des preuves, le procès-verbal d'enquête transmis à la Cour d'appel, avec les raisons déduites par le juge pour déterminer le mérite de chaque partie des preuves, mettra la Cour d'appel à même de décider.

Quant au troisième degré d'opérations, la seule plainte que l'on pourrait faire, c'est que le juge n'aurait pas pris de mesures pour l'exécution de sa propre sentence. Si, à cet égard, il y a lieu à enquête, la marche convenable est que la Cour d'appel renvoie l'affaire à l'un des juges voisins; quand il ne s'agit que de l'exécution d'un acte, l'ordre nécessaire à cet égard doit être expédié, et celui qui ne l'a point exécuté doit encourir les peines portés par la loi.

S'il appert que pour ce qui doit être fait par la Cour d'appel, ou n'ait besoin que de quelques papiers, il n'est pas nécessaire alors que ni les parties ni les témoins comparaissent.

Comme il n'est pas d'une grande importance, dans un pays où les communications sont convenablement assurées, que les papiers soient envoyés d'une distance de cinquante ou de cinq cents milles du lieu où siège la Cour d'appel, l'objet alors est d'établir ce siège dans l'endroit le plus public, et qui atteigne mieux le but de son institution; généralement parlant, le lieu qui réunit parfaitement ce double avantage, c'est la capitale. La capitale est donc le siège convenable de toute juridiction d'appel. Qu'il ne doive y avoir là qu'un seul et unique juge dans chaque Cour d'appel, cela est démontré par les mêmes raisons qui s'appliquent aux tribunaux de première instance.

La question de savoir comment il devrait y avoir plusieurs tribunaux de première instance comme d'instance d'appel, doit être décidée par l'unique besoin de les établir. Le nombre des tribunaux de première instance doit être, dans certains cas, déterminé par le nombre

des procès, dans quelques-uns par l'étendue du territoire. Pour faciliter l'accès des tribunaux, il ne faut pas
que leurs chefs-lieux soient trop éloignés, quoique le
nombre des procès, soit à raison de la modicité, soit à
raison de la moralité de la population, fût constamment
très exigu.

Comme le tribunal ne devrait jamais vaquer, parce
que la nécessité de réprimer l'injustice n'est point renfermée dans les limites des temps et des saisons, et
comme un juge peut être quelquefois malade, quelquefois appelé dehors par les devoirs de son emploi, il faudrait prendre des mesures pour le remplacer. La seule
qui convienne à cet effet est la nomination d'un suppléant. Afin que ce suppléant remplît bien ses devoirs,
il faudrait qu'il fût choisi et employé par le juge, celui-
ci étant alors responsable des actes de son suppléant
comme des siens. Quoi qu'il en soit, ce que le juge ne
peut faire, ni convenablement faire, il peut en charger
son suppléant; s'il y a surabondance de causes, le suppléant peut en juger quelques-unes des moins compli-
quées et des moins difficiles. S'il se présente quelque
affaire d'une médiocre importance, qui exige l'absence
du juge, il peut alors déléguer son suppléant.

Outre le juge et son suppléant, il y a, à chaque tribunal, deux adjoints qui sont de la plus haute importance ; ils sont indispensables très certainement à la
bonne administration de la justice. C'est un *procureur-
général*, et un *avocat-général*. L'affaire du procureur-
général et de l'avocat-général est de réclamer l'observation de toutes lois à l'exécution desquelles la nation
a un intérêt particulier, quoique les individus puissent

n'y en avoir aucun. Le devoir particulier du procureur-général est d'agir comme demandeur pour l'autorité administrative, et pour chaque demandeur qui ne peut se procurer un autre avocat ; de prévenir les préjudices que pourrait faire à la justice la conduite des demandeurs, soit en matière civile, soit en matière criminelle, et en cas de délits, de poursuivre d'office, s'il ne se présente personne qui poursuive en son privé nom. Le devoir particulier de l'avocat-général est d'agir pour l'autorité administrative en sa qualité de défenseur, et pour chaque défendeur qui n'aurait pas les moyens de prendre un autre avocat, et d'obvier aux inconvéniens qui pourraient résulter, au préjudice de la justice, du défaut de capacité ou d'autres causes de la part du défendeur qui plaide son affaire, ou de la part de l'avocat qui la plaide pour lui.

Les Cours d'appels, quoique siégeant dans la métropole, doivent être assez nombreuses pour pouvoir entendre tous les appels qui leur sont déférés. Les juges d'appel doivent être pris parmi les juges de première instance, non-seulement par rapport à leur éducation et à leur expérience, mais sous celui de promotion, et pour les engager à acquérir, dans un poste inférieur, les connaissances requises et des titres à l'estime ; il y a même convenance et même raison de prendre les juges de première instance parmi les suppléans.

FIN.

TABLE.

FIN DE LA TABLE.

www.ingramcontent.com/pod-product-compliance
Lightning Source LLC
Chambersburg PA
CBHW072259210326
41519CB00057B/2031